DIE GERMANISCHE SAGENWELT

Roswitha Tewes-Eck
Erich Dunkel

Ernst Klett Verlag
Stuttgart Düsseldorf Leipzig

Gedruckt auf Papier aus chlorfrei gebleichtem Zellstoff, säurefrei.

1. Auflage A 1 5 4 3 2 1 2005 04 03 02 2001

Alle Drucke dieser Auflage können im Unterricht nebeneinander benutzt werden, sie sind untereinander unverändert.
Die letzte Zahl bezeichnet das Jahr dieses Druckes.

Internetadresse: http://www.klett-verlag.de

Redaktion: Annelie Werner

Herstellung: Ulrike Wursthorn
Grafik: Rudolf Hungreder, Leinfelden
Druck: W. Wirtz, Speyer. Printed in Germany
Printed in Germany
ISBN 3-12-327093-9

Die germanische Sagenwelt

Dieses Heft ist eine Entdeckungsreise in die faszinierende Welt der germanischen Sagen. Die Schülerinnen und Schüler erhalten vielfältige Einblicke in germanisches Denken und Handeln der damaligen Zeit.

„*Die germanische Sagenwelt*" versteht sich als Ergänzung und Vertiefung zum jeweiligen an den Schulen benutzten Lehrbuch. Eine komplette Bearbeitung ist genauso möglich wie eine auszugsweise Behandlung der angebotenen Themen in Form eines „Steinbruches". Von der Konzeption her ist das Themenheft eher als zusätzliches Angebot gedacht, das nicht zwingend von der ersten bis zur letzten Seite bearbeitet werden muss, sondern Schwerpunkte des Unterrichts unterstützen kann.

„*Die germanische Sagenwelt*" ist so konzipiert, dass die Lernenden sich selbst die angebotenen Unterrichtsinhalte erschließen, indem sie sich in die germanische Sagenwelt hineinversetzen, das Spannende und Aufregende spüren und möglichst hautnah miterleben.
Die Möglichkeiten der Identifikation mit einer der Personen und Gestalten sind vielfältig. So findet Erlebnislernen, das dem traditionellen Lernen an Effektivität weit überlegen ist, in enger emotionaler Bindung an die Inhalte statt.

„*Die germanische Sagenwelt*" präsentiert Unterrichtsinhalte in einer Form, die eine unmittelbare unterrichtliche Umsetzung ohne aufwendige Vorbereitung erlaubt.

Wie wird „*Die germanische Sagenwelt*" im Unterricht eingesetzt?
Die Arbeitsblätter sind so konzipiert, dass keine zusätzlichen Materialien benötigt werden. Selbstverständlich können Sie in Einzelfällen die kompletten Sagentexte für den Unterricht bereitstellen. (Literaturhinweise im Lösungsteil.)

Außerdem empfiehlt sich das Anlegen einer „Mappe" (ein DIN-A4-Ordner oder Schnellhefter), in der alles gesammelt wird, was nicht direkt in das Heft eingetragen werden kann oder soll.

Die Aufgaben sind in Einzel-, Partner- oder Gruppenarbeit zu lösen.

Der kleine Drache stellt Aufgaben mit besonderen Anforderungen. Sie sind ein Vorschlag zur Differenzierung. Dieses Kärtchen kann natürlich auch - eventuell vergrößert - kopiert und an die Schülerinnen und Schüler verteilt werden, die diese Zusatzaufgabe gut gelöst haben.

Inhalt

Die Entstehung der Welt

In der fernen Urzeit gab es noch keine Menschen, es gab nichts als Dunkelheit und Leere. Lange vor der Erde entstand zuallererst im Süden Muspelheim und im Norden Nebelheim.
In Muspelheim war es hell und heiß von lodernden Flammen. Bewacht wurde Muspelheim von Surtur mit dem Flammenschwert. In Nebelheim dagegen war es dunkel und eiskalt. Hier entsprang ein gewaltiger Quell, dessen Wasserströme sich in den Abgrund zwischen beiden Welten ergossen.
Das Wasser gefror zu Eis. Als nun Funken und Flammen aus Muspelheim auf das Eis trafen, qualmte und zischte es. Das Eis schmolz, die Tropfen des Schmelzwassers wurden lebendig und so entstand der Riese Ymir, von dem alle Riesen abstammten.
Die ersten Götter hießen Odin*, Wili und We. Sie erschlugen den bösen Riesen Ymir und erschufen aus seinem Körper die Welt, aus dem Blut das Meer und alle Gewässer, aus dem Fleisch die Erde, aus den Knochen die Berge, aus den Haaren die Bäume.
Ymirs Hirnschale stellten sie als Himmelsgewölbe über die Erde.
Getragen wurde der Himmel an vier Ecken von den Zwergen Oster, Wester, Süder und Norder.
Das Gehirn des Riesen warfen die drei Brüder in die Luft und machten daraus die Wolken. Da es kein Licht auf der Erde gab, fingen die Götter Funken, die aus Muspelheim geflogen kamen, und setzten sie als Sonne, Mond und Sterne an den Himmel. Von nun an gab es Tage und Nächte, Monate und Jahre.
Noch aber fehlten Bewohner auf der Erde. Als die Götter einmal am Meeresstrand entlanggingen, fanden sie zwei Baumstämme und machten Menschen daraus.

---

*Odin ist die ältere, skandinavische Form von „Wodan“

Odin gab ihnen Atem und Leben, Wili Verstand und Gefühl, We die Sprache und die Fähigkeit zu hören und zu sehen. Den Mann nannten sie Ask und die Frau Embla. Von ihnen stammt das ganze Menschengeschlecht ab.
Mitten in die Welt bauten die Götter für sich und ihre Nachkommen eine Burg und nannten sie Asgard. Sie selbst nannten sich Asen, die „Säulen der Welt“. Himmel und Erde verbanden die Asen durch eine Brücke mit dem Namen Bifröst. Sie hat drei Farben, von den Menschen wurde sie Regenbogen genannt.

Löst du das Kreuzworträtsel, so ergeben die Buchstaben in den hervorgehobenen Feldern von eins bis sieben ein Lösungswort.
Es verrät dir, wie die Götter das von den Menschen bewohnte Land nannten.

1. Nur Feuer und Flamme
2. Eisiges Dunkel
3. Nach ihm wurde eine Himmelsrichtung benannt, in der es im Winter nie hell wird
4. Die Götterburg
5. Die erste Frau der Welt
6. Bewacher mit Flammenschwert
7. Einer der ersten Götter (germanischer Name)

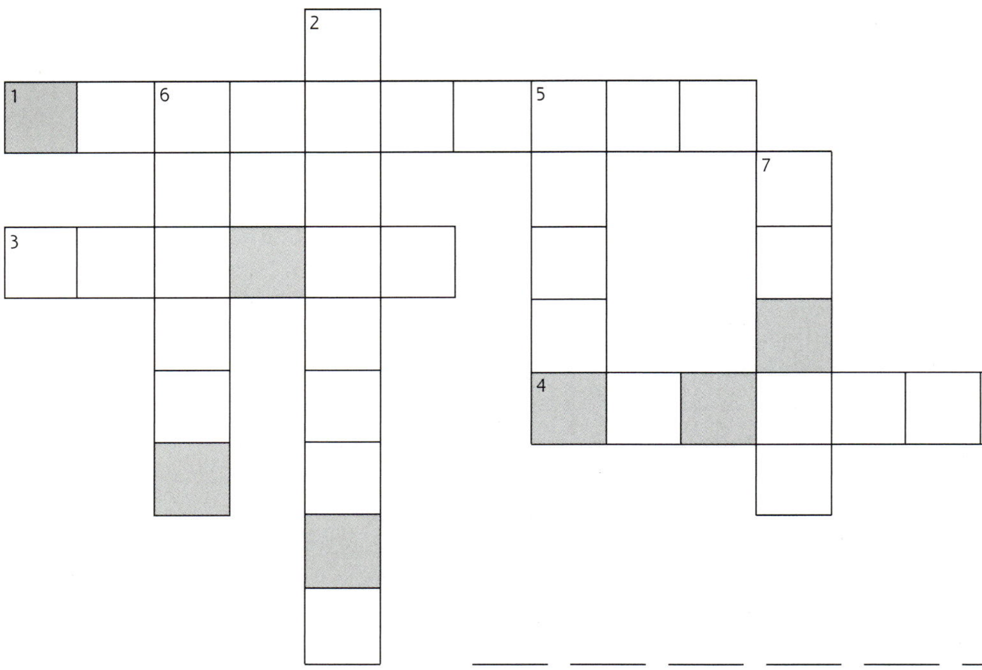

____ ____ ____ ____ ____ ____ ____
1 2 3 4 5 6 7

Vergleicht die germanische Vorstellung von der Entstehung der Welt mit der christlichen Schöpfungsgeschichte. Vielleicht kennt ihr auch Schöpfungsgeschichten aus anderen Kulturen. Erzählt davon.

Die Weltesche

Die Weltesche Yggdrasil, der schönste und heiligste aller Bäume, trägt die ____________________ . Er wächst bis zum ____________________ empor und breitet seine ____________________ über Asgard, dem ________________________________ und Midgard, dem ________________________________ aus.
Im dichten Laub der Baumkrone weidet die ________________ Heidrun. Sie gibt so viel Met, dass sich alle Götter daran laben können.
Auch ein weißer __________________, aus dessen Geweih Regenschauer herabfließen, weidet in der Blätterkrone.
Drei starke ________________________ geben dem Riesenbaum Halt.
Unter der einen liegt das Totenreich, unter der zweiten das Reich der Riesen und unter der dritten entspringt der Quell des Schicksals.
Hier wohnen drei Schwestern, die Nornen. Sie spinnen die ____________________, an denen die Schicksale der Menschen und Götter hängen.
Sie sorgen auch dafür, dass der Weltenbaum nicht abstirbt, indem sie ihn jeden Tag mit dem heiligen Quellwasser besprengen. Denn die Esche wird ständig von bösen Mächten bedroht.
Vier ____________________ beißen alle neuen Triebe und Knospen ab. Und an den Wurzeln nagt der neidische ____________________ Nidhögger. Er streitet sich mit dem __________________, der im höchsten Wipfel des Baumes sitzt. Sie bedrohen und beschimpfen sich gegenseitig. So muss sich der ____________________ des Göttervaters Odin immer wieder gegen den bösen ____________________ zur Wehr setzen. Ein stammauf und stammab huschendes ________________________________ trägt die Schimpfworte von einem zum anderen. Das ist der Grund für den ewigen ________________ in der Welt, für den dauernden ____________________ des Guten gegen das Böse.

Schau dir das Bild der Weltesche genau an und füge folgende Begriffe richtig ein:

Adler, Adler, Drache, Drachen, Eichhörnchen, Fäden, Himmel, Hirsch, Hirsche, Kampf, Land der Menschen, Welt, Wohnsitz der Götter, Wurzeln, Zank, Ziege, Zweige

Germanisches Götter-Mix

Jeweils drei Kärtchen gehören zusammen. Aber welche? Auf dem ersten Kärtchen stellt sich der Gott oder die Göttin mit Bild kurz vor. Das zweite Kärtchen informiert dich über das Symbol oder die Besonderheit des Gottes bzw. der Göttin.
Auf dem dritten Kärtchen spricht die Göttin oder der Gott zu dir. Kennzeichne die drei Kärtchen, die zusammengehören, mit 1a, 1b, 1c, 2a, 2b, 2c, ...
Und jetzt fix ausschneiden und ordnen!

Wodan (Odin) Göttervater 	„Der Hase ist mein Lieblingstier. Mir zu Ehren und zur Freude der Menschen versteckt er heimlich seine schönen bunten Ostereier."	**Ihr heiliges Tier ist die Katze. Daher wird ihr Wagen von zwei Wildkatzen gezogen.**
Er ist der Kriegsgott. Sein Symbol ist das Schwert. Er greift selbst in den Kampf ein und führt die germanischen Krieger zum Sieg.	**Frigg - Gemahlin des Odin** 	„Ich hasse Ungerechtigkeiten. Auch Schimpfwörter und Beleidigungen dulde ich nicht."
Er ist der klügste und mächtigste Gott. Sein Speer, Symbol seiner Allmacht, verfehlt nie sein Ziel, trifft und kehrt immer in die Hand seines Herrn zurück.	„Ich reiche den Göttern meine Zauberäpfel. Wer davon isst, bleibt immer jung."	**Donar (Thor) - Donnergott** 

Vergiss nicht, die Karten in der richtigen Reihenfolge in deine Mappe zu kleben. Aber Halt! Vorher kannst du mit deinen Mitschülern noch ein paar Runden Dreier-Memory spielen.

„Von mir bekommen die Götter und Menschen schöne Geschenke. Aber wenn ich Lust dazu habe, stürze ich sie ins Verderben."	**Tyr (Tiu, Ziu) - Schwertgott** 	**Sie ist Wodans Gemahlin. In ihrem Palast (Folkwang) spinnt sie mit ihrer goldenen Spindel. Sie ist die Beschützerin der Ehe und Vorbild für jede Hausfrau.**
„Erzürnt mich nicht, denn sonst lässt mein Donnergrollen Himmel und Erde erbeben."	**Sie ist die Göttin der Morgenröte, die nach einem langen Winter Licht und Wärme bringt. Ihr Fest wird im April gefeiert.**	**Balder (Baldur) - Lichtgott** 
Freyja - Göttin des Frühlings, der Schönheit u. Liebe 	„Ich schleudere meinen Speer in die Reihen der Feinde und kämpfe gegen sie mit meinem Schwert."	**Er ist schön, gerecht und weise. Daher wird er von allen geliebt. Seine Frau heißt Nanna.**

Ostara - Göttin des wiederkehrenden Lichts 	**Er ist so unberechenbar wie das Feuer, mal gut, mal böse. Fenriswolf, Midgardschlange und Hel sind seine Nachkommen.**	„Ich belohne die fleißigen Hausfrauen und bestrafe die faulen, weil ich Ordnung und Sauberkeit liebe."
Sie bewahrt die goldfarbenen Äpfel auf, die ewige Jugend spenden.	„Ich lasse jeden Morgen zwei Raben ausfliegen, damit sie die Welt für mich erforschen und mir alles berichten."	**Iduna - Göttin der ewigen Jugend** 
„Ich zaubere den Menschen Liebe ins Herz und führe Mann und Frau zusammen."	**Loki - Gott des Feuers** 	**Er ist Wodans Sohn. Er hat Macht über Wolken und Winde, Donner und Blitz. Mit seinem Wagen, der von zwei Böcken gezogen wird, fährt er durch die Wolken. Seine furchtbare Waffe ist der Hammer.**

*Viele Geschichten ranken sich um die hier vorgestellten Götter.
Suche dir in einem Sagenbuch eine Göttersage aus, die dir besonders gut gefällt, und erzähle sie deinen Mitschülern.*

Wálküren, die nach Wálhall führen

In einem alten Sagenbuch hat Tina dieses Bild mit dem Titel: „Eine Wálküre geleitet gefallene Helden nach Wálhall" entdeckt. „Wálküre", „Wálhall", was bedeutet das denn wohl? Helft Tina es herauszufinden. Im Text sind in Klammern immer drei Möglichkeiten angegeben, von denen eine richtig ist. Die Prüfbuchstaben der richtigen Antworten ergeben, hintereinander gelesen, ein Lösungswort.

Wálküren sind (Frauen **R**) (Männer **M**) (Totengräber **K**), die auf feurigen Rossen reiten. Durch sie werden die auf dem Schlachtfeld gefallenen Helden (zu ihren Familien zurückgebracht **E**) (zum ewigen Leben erweckt **Ü**) (in die Hölle gestoßen **L**).

Dazu geleiten sie die toten Helden nach Wálhall, (einem dunklen Bereich der Unterwelt **H**) (dem Hexentanzplatz **R**) (dem größten und schönsten Saal in Odins Burg **S**).

In Wálhall gibt es 540 Tore, die so breit sind, dass 800 Helden nebeneinander hindurchpassen. Wálhall bedeutet: („Ort des Grauens" **B**) („Saal der in der Schlacht Gefallenen" **T**) („Saal der lebendigen Leichen" **U**).

Ganz Wálhall ist geschmückt mit (rostigen **G**) (glänzenden **U**) (verstaubten **K**) Waffen, Schilden und Rüstungen. Alles wird bewacht von (den Wálküren **T**) (einem Wolf und einem Adler **N**) (grimmigen Riesen **D**).

Hier hinein dürfen nur Helden, die auf dem Schlachtfeld (Wálstatt) ihr Leben in ehrenhaftem Kampf verloren haben. Allen, die den „Strohtod" (einen Tod durch Verbrennen auf Strohballen **M**) (einen normalen Tod im Bett **G**) (Tod bei der Feldarbeit **V**) starben, war dieser Ort verwehrt.

Auf Wálhall veranstaltet Odin zu Ehren der Helden und zur täglichen Übung (Kampfspiele **E**) (Trauergesänge **K**) (Tanzspiele **G**). An nichts soll es den Helden fehlen. Die Wálküren sorgen auch für das leibliche Wohl der Gefallenen und reichen ihnen (Amphoren **A**) (geschliffene Kristallgläser **P**) (Trinkhörner **N**) mit Met und als Speise köstliche Stücke vom Fleisch des Ebers.

Dies tragen die Wálküren: ____ ____ ____ ____ ____ ____ ____ ____ ____

Götterpuzzle

Setzt du das Bild richtig zusammen, dann zeigt es dir eine germanische Gottheit.

Um welchen Gott handelt es sich wohl? ______________________________

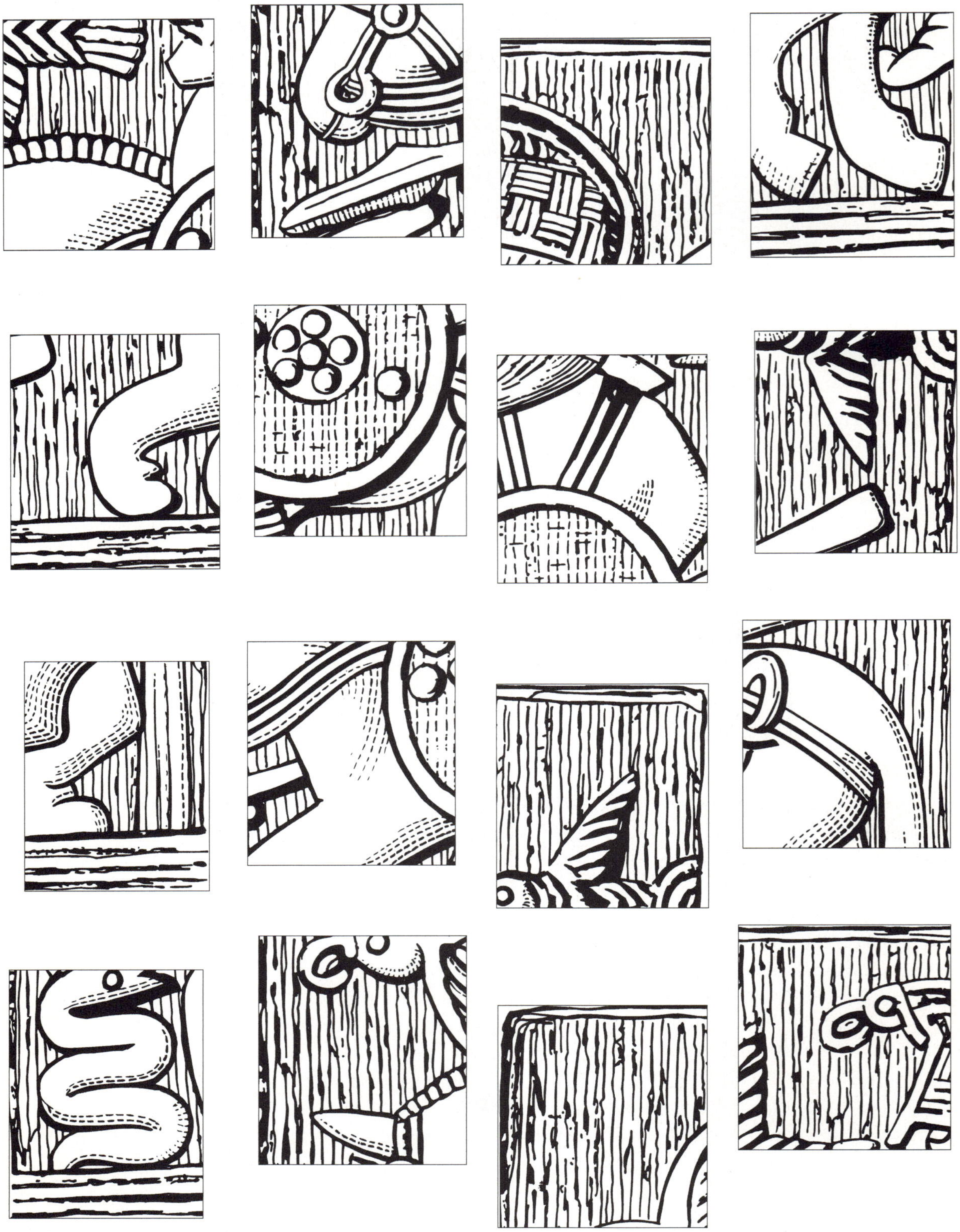

Von Zwergen und Elfen

Hier haben die kleinen, frechen Kobolde wohl wieder ihr Unwesen getrieben. Alle Reime sind völlig durcheinander geraten. Finde heraus, welche Reimpaare zusammengehören, und schreibe sie nach Zwergenreimen und Elfenreimen getrennt in deine Mappe.

Hässlich sind sie, bucklig und klein
können Liebe zaubern ihm ins Herz

Sie spielen, tanzen und singen
so schaurig wie in einer Gruft

Sie helfen dem Menschen in seinem Schmerz
ihr Herz ist oft wie Stein so hart

Sie tragen eine Kappe oft zur Tarnung
tanzen im Mondschein Ringelreihn

Sie fürchten und hassen das helle Licht
wenn sie schweben durch den Wald geschwind

Blüten tragen sie im Haar
Kronen, Geschmeide und auch Ringe

Sie hausen in einer Felsenkluft
wenn man sie im Traum hört singen

Frieden, Liebe und Glück sie bringen
seid auf der Hut, nehmt dies als Warnung

Umgeben sind sie von zartem Duft
drum lieben sie die dunkle Nacht

Rotes Mützchen, langer Bart
hell und klar ihre Stimmen klingen

In Bergwerken schlagen sie das Erz
wenn sie sich wiegen leicht im Tanz

Anmutig sind sie, lieblich und fein
wer sie ärgert, zu dem sind sie frech und gemein

Sie schmieden oft die schönsten Dinge
wenn sie schweben durch die Luft

Um die Sonne sie bilden einen Kranz
doch treiben sie auch manchen Scherz

Das Tageslicht zu Stein sie macht
doch meistens sind sie unsichtbar

Ihr Gewand, es flattert leicht im Wind
nur auf Dunkelheit sind sie erpicht

Wer von euch malt die schönste Elfe und den hässlichsten Zwerg?

Zwergenrätsel

Stell dir vor: Auf einer Wanderung triffst du vier Zwerge, die einen Schatz bewachen. In einer Linie stehen sie vor dir und versprechen dir den Schatz, wenn du alles über sie herausbekommst.

Und schon plappert einer von ihnen los: „Unsere Namen sind Asewicht, Isewicht, Osewicht und Usewicht.
Wir sind verschieden alt. Einer von uns ist 300, ein anderer 350, noch ein anderer 400 und der letzte gar 450 Jahre alt.
Wir haben auch besondere Fähigkeiten. Einer von uns kann sich unsichtbar machen, ein anderer gut schmieden, der nächste ist besonders listig und einer von uns schlägt die Karfunkelsteine aus dem Berg.
Jeder von uns hat auch einen speziellen Tag, an dem er besonders viel Unsinn treibt. Dies sind die Tage Sonntag, Montag, Dienstag und Mittwoch. Natürlich stellen wir auch besondere Dinge her. Einer eine Zauberrüstung, der nächste ein Zauberschwert, ein anderer einen Zaubergürtel und einer von uns sogar Tarnkappen."

Aber wer ist wer, wer macht was? Die Zwerge geben dir wichtige Tipps:

1. Der Zerg, der am Dienstag besonders viel Unsinn treibt, ist nicht listig.
2. Rechts vom 400-Jährigen steht der Zwerg, der sich unsichtbar machen kann.
3. Der die Karfunkelsteine aus dem Berg schlägt, steht zwischen dem 350-Jährigen und dem, der besonders viel Unsinn am Dienstag treibt.
4. Der listige Zwerg stellt weder Tarnkappen noch ein Zauberschwert her.
5. Der sich unsichtbar machen kann, steht zwischen dem Karfunkelsteinhauer und dem Listigen.
6. Asewicht stellt keine Zauberrüstungen her.
7. Isewicht ist nicht der Karfunkelsteinhauer.
8. Der gut schmieden kann, stellt keine Zaubergürtel her.
9. Der 300-jährige Zwerg steht links vom listigen Zwerg.
10. Der Zwerg, der besonders viel Unsinn am Montag treibt, ist nicht der 300-jährige.
11. Der listige Zwerg und der, der besonders gut schmieden kann, stehen außen.
12. Usewicht fertigt kein Zauberschwert an.
13. Der am Montag den meisten Unsinn treibt, steht rechts von Usewicht.
14. Isewicht ist nicht listig.
15. Der listige Zwerg treibt seinen Unsinn am Mittwoch.
16. Der Zwerg, der die Zauberrüstung herstellt, steht außen.
17. Der 300-jährige Zwerg steht nicht außen.
18. Der Karfunkelsteine schlagende Zwerg ist nicht Isewicht.
19. Isewicht ist 300 Jahre alt.
20. Asewicht stellt keine Zaubergürtel und Tarnkappen her.
21. Isewicht steht zwischen Asewicht und Osewicht.
22. Zwerg Osewicht steht außen.
23. Usewicht ist 350 Jahre alt.
24. Asewicht treibt seinen Unsinn am Montag.
25. Der 300-Jährige steht rechts von Zwerg Asewicht.
26. Der 350-Jährige fertigt keine Tarnkappen.

Germanisches Quartett

Zauberwesen

Sie sind böse dämonische Wesen. Sie werden auch Trolle genannt.

Kobolde

Zauberwesen

Sie sind weibliche Wassergeister. Gerne kämmen sie sich ihre langen Haare. Sie lieben Spiel, Gesang und Tanz.

Nixen

Zauberwesen

Gnomen sind Erd- und Berggeister. Sie bewachen die unterirdischen Schätze.

Gnomen

Zauberwesen

Druden sind Plagegeister. Sie treiben als Alb allerlei bösen Zauber mit den Menschen. (Albträume)

Druden

Bäume und Pflanzen

Sie ist die immergrüne Weltesche, die die Welt mit dem Land der Götter und Menschen trägt.

Yggdrasil

Bäume und Pflanzen

Die Alraune ist eine Pflanze, deren Wurzel an die Gestalt eines Menschen erinnert. Die Germanen trugen die Wurzel als Schutzamulett gegen böse Geister. Sie galt als Heil- und Zaubermittel.

Alraune

Bäume und Pflanzen

Aus der Ulme wurde Embla, die erste Frau, erschaffen. Der Baum, aus dem Ask, ihr Mann, entstand, ist die Esche.

Ulme

Bäume und Pflanzen

Die Eiche ist ein heiliger Baum. Sie war Donar geweiht. Sie ist Sinnbild der Kraft und Beständigkeit. Von den Germanen wurde sie als Gerichtsbaum genutzt.

Eiche

Tier

Ein Eber mit hell leuchtenden, goldenen Borsten. Er rennt am Tage und in der Nacht durch die Lüfte.

Gullinborsti

Tier

Eine Ziege, die sich vom Laub der Weltesche ernährt. Sie spendet nicht nur Milch, sondern auch Met, an dem sich die Götter und Helden in Wálhall laben.

Heidrun

Tier

Odins Raben. Hugin ist der „Gedanke". Munin ist das „Gedächtnis". Jeden Morgen werden sie ausgeschickt, um die Welt zu erforschen. Anschließend raunen sie Odin die neuesten Nachrichten ins Ohr.

Hugin und Munin

Tier

Odins gewaltiges, graues Pferd mit acht Beinen. Es kann über Meere und durch die Lüfte fliegen.

Sleipnir

Ungeheuer

Ein Wolf von gewaltiger Kraft und Größe. Sein wütend aufgerissener Rachen berührt den Himmel und die Erde gleichzeitig. Er ist wild und ungestüm.

Fenriswolf

Ungeheuer

Sie lebt im Meer. Ihr Körper ist so lang, dass sie ganz Midgard umspannt. Sie erzeugt Ebbe und Flut, indem sie das Wasser mit ihrem Körper aufwühlt.

Midgardschlange

Ungeheuer

Er ist der böse Neiddrache, der an den Wurzeln der Weltesche nagt. Im Totenreich verschlingt er die schlimmsten Verbrecher.

Nidhögger

Ungeheuer

Hel ist die Herrscherin über das Totenreich Helheim. Ihr Körper ist halb blau und halb fleischfarben. Auf einen Menschen wirkt ihr Erscheinen grauenvoll.

Hel

Vervollständigt das Quartettspiel zur germanischen Sagenwelt, indem ihr noch weitere sechzehn Kärtchen ergänzt.
Anregungen findet ihr in folgenden Bereichen, die ihr in diesem Heft kennen lernt: Götter, Göttinnen, starke Frauen, starke Männer. Spielt dann nach den bekannten Quartettregeln.
Die Kärtchen eignen sich auch gut für Spiele wie „Personenraten" oder „Montagsmaler".

„Göttliche“ Wochentage

Wusstest du, dass fünf Wochentage nach germanischen Göttern oder Göttinnen benannt worden sind? Aber welcher Gott, welche Göttin steckt nun in welchem Wochentag? Finde es heraus, indem du die Kalenderblätter den Textkärtchen zuordnest.

Abgeleitet vom jüdischen Sabbat, im Englischen dem römischen Gott Saturn geweiht.

Bei uns die Wochenmitte, im Englischen ein Tag zu Ehren des Göttervaters Wotan.

Sunna, die Sonnengöttin, führt die Pferde, die den Sonnenwagen ziehen.

JUNI
18
SONNTAG
24. Woche

AUGUST
30
MITTWOCH
35. Woche

NOVEMBER
6
MONTAG
45. Woche

Der Schwertgott hat diesem Tag seinen Namen gegeben. Auch hier hilft dir die englische Bezeichnung des Wochentages.

Der Gott Donar lässt mit seinem Grollen Himmel und Erde erbeben. Die englische Bezeichnung des Tages verweist darauf, wie dieser Gott auch genannt wurde.

OKTOBER
13
FREITAG
41. Woche

Die Göttin des Frühlings, der Schönheit und Liebe ist Namensgeberin für diesen Wochentag.

JUNI
29
DONNERSTAG
Peter und Paul

Mani, germanischer Mondgott, ist der Bruder der Sonne. Er überwacht den Lauf des Mondes, der von Wölfen gehetzt seine Bahnen zieht.

JULI
22
SAMSTAG
29. Woche

APRIL
4
DIENSTAG
14. Woche

Findet heraus, wem wir unsere Monatsnamen „verdanken“ und was sie bedeuten.

Wie Donar seinen Hammer zurückholte

Eines Tages war Donars Hammer, die beste Waffe im Kampf gegen die Riesen, verschwunden.
Der Hammer konnte Eisen und hartes Felsgestein wie Erdklumpen zermalmen und kehrte nach jedem Wurf in Donars Hand zurück. Thrym, der König der Riesen, hatte den Hammer gestohlen. Nur unter einer Bedingung war er bereit, ihn zurückzugeben: Die Göttin Freyja sollte seine Frau werden. Das lehnte sie jedoch entschieden ab.

Schließlich hatte der kluge Gott Heimdall eine Idee, wie sie Thrym überlisten könnten. „Legen wir Donar den Brautschleier an“, sagte er, „nehmt zwei Steine für die Brüste und umhüllt ihm Bart und Haare mit einer Haube. Als Braut verkleidet soll er selbst den Hammer zurückholen.“
Entsetzt sprang Donar auf. Er in Frauenkleidern? Niemals! Aber es half alles nichts. Widerwillig ließ er sich als Braut verkleiden. Loki wollte ihn, als Dienerin verkleidet, begleiten. So spannte Donar seine Böcke vor den Wagen und los ging es.

Als Thrym den Götterwagen kommen sah, war seine Freude groß. Zu Ehren der Braut gab er ein großes Festmahl.
Wie verwundert war er jedoch über den Appetit seiner Braut. Einen ganzen Ochsen verzehrte sie und acht Lachse, trank dazu drei Fässer Met und verputzte schließlich das ganze Backwerk.
Und wie furchterregend die Augen der Braut funkelten, wie Feuer flammte es aus ihrem Blick! Doch Loki, als schlaue Dienerin, fand für alles eine Erklärung: „Acht Tage hat sie gefastet, so sehr sehnte sie sich nach dir ... Acht Nächte hat sie nicht geschlafen, so sehr sehnte sie sich nach dir.”
Thrym war nun so recht in Hochzeitsstimmung und ließ den Hammer holen. Er legte ihn der Braut in den Schoß, um darauf das Hochzeitsversprechen abzulegen. Wie froh war da Donar, als er seinen Hammer wiedersah! Kaum spürte er ihn auf den Knien, da ergriff er ihn und erschlug den König der Riesen.

(nach: Günter Sachse, Deutsche Heldensagen. C. Bertelsmann Verlag, München 1994)

Die germanischen Götter besaßen noch andere zauberkräftige Kostbarkeiten. So gab es z.B.:

- den Speer Gungnir, der niemals sein Ziel verfehlte.
- das riesige Schiff Skidbladnir, das man zusammenfalten und in die Tasche stecken konnte.
- den goldenen Ring Draupnir („Tröpfler”), von dem in jeder neunten Nacht ebenso kostbare Ringe abtropften.

Denke dir eine Sage aus, in der eine oder auch mehrere dieser Kleinode eine wichtige Rolle spielen, und male Bilder dazu.

Stellt diese Sage als Hörspiel oder Comic dar.

Loki und seine Nachkommen

Loki, der hinterlistige Gott des Feuers, verbündete sich mit den Feinden der Götter, den Riesen, um der Götterherrschaft ein Ende zu setzen und den dunklen Mächten des Bösen zum Sieg zu verhelfen. Er hatte sogar von einer Riesin drei schreckliche Kinder: den wilden Fenriswolf, die Midgardschlange und die furchterregende Riesin Hel.
Und weil Wodan aus Weissagungen wusste, dass den Göttern und der Welt von diesen Ungeheuern großes Unheil drohte, wollte er sie für immer verschwinden lassen ...

Was mit ihnen geschieht? Finde es selbst heraus.

Hier einige Tipps von hilfreichen Zwergen:

Ordne die Hinweise der hilfreichen Zwerge (pro Ungeheuer vier Hinweise) zunächst einmal. Mit ein bisschen Fantasie wird es dir jetzt sicher gelingen, die Sage zu Ende zu schreiben.

Balder - Opfer eines mysteriösen Mordanschlags

Balder ist ermordet worden. Wie konnte das geschehen?
Als die Götter den ersten Schrecken überwunden haben, beginnt die Suche nach Balders Mörder. Sein Tod muss gerächt werden.
Wodan ruft den schlauen Zwerg Spürnase herbei und beauftragt ihn mit der Klärung des Falles. Sofort nimmt Spürnase die Ermittlungen auf. Folgende Fakten ergeben sich:

Tatort:	Platz vor Wálhall
Bei der Tat anwesend:	fast alle Götter
Tatwaffe:	ein aus einem Zweig geschnitzter Speer
Täter:	der blinde Gott Heimdall
Tathergang:	Der Blinde schleudert den Speer auf Balder und tötet ihn.

Ein Blinder als Täter? So leicht lässt sich ein Zwerg mit Namen Spürnase nicht an der Nase herumführen. Also beschließt er der Sache auf den Grund zu gehen.
Hier seine Ermittlungsergebnisse:

- Alles beginnt mit einer bösen Prophezeiung: Balders Leben ist in Gefahr.
- Balders Mutter Frigg nimmt daraufhin allen Lebewesen und Dingen auf der Welt einen Eid ab. Alle schwören, Balder niemals ein Leid anzutun.
- Die Götter versammeln sich und erproben ihre Waffen an Balder: Pfeile und Speere prallen wirkungslos ab.
- Eine alte Bettlerin erscheint bei Frigg. Sie will wissen, ob auch wirklich jedes Wesen diesen Eid geschworen hat.
- Frigg verrät ihr, dass sie nur der kleinen, unbedeutenden Mistel, die auf Bäumen wächst, den Eid nicht abgenommen hat.
- Der blinde Gott erhält einen Speer.
- Jemand weist ihm die Richtung und fordert ihn auf, den Speer auf Balder zu schleudern.
- Es ist ein Mistelzweig, aus dem der Speer geschnitzt wurde.

„Klar wie Kloßbrühe“, denkt Spürnase, „hinter diesem Mord steckt ein teuflischer Plan. Und diesen Plan kann nur einer ausgeheckt haben.“

Ist dir auch ein Licht aufgegangen? Wer ist nun der eigentliche Missetäter?
Was war sein Motiv?
Schreibe über diesen Mordfall im Land der Götter einen spannenden Krimi.

Habt ihr Lust, in Gruppenarbeit ein richtiges kleines Kriminalhörspiel herzustellen?
Klar, viel Arbeit ist das schon, aber Spaß macht es bestimmt. Wetten, dass?

Die Götter schlagen zurück

Drei Bilder, drei Sagen und viele Lücken.
Dir fällt es bestimmt nicht schwer, den Sagen die richtigen Überschriften zu geben, die Bilder auszuschneiden, sie den Texten richtig zuzuordnen und alle Lücken zu füllen.

Hier erst einmal die Überschriften zu den Sagen: „Donars Kampf mit der Midgardschlange“, „Lokis Gefangennahme und Bestrafung“, „Lokis Störung der göttlichen Tafelrunde“.

Und hier die fehlenden Wörter:
Donar, Götter, Göttern, Hammer, Loki, Midgardschlange, Schlange, Waffen
Beachte: Einige Wörter müssen mehrfach eingesetzt werden.

Lange hat sich der arglistige ____________________ vor den ____________________ nicht blicken lassen. Als sie aber nach alter Gewohnheit beim Gastmahl sitzen, tritt plötzlich der Bösewicht herein und setzt sich zu Tisch. Betroffen schweigen die ____________________. Da ____________________ mit seinem Hammer nicht anwesend ist, dulden sie den trotzigen Eindringling in ihrer Mitte.
Der Saal ist prächtig geschmückt. Alle Gäste rühmen das Mahl und die gute Bedienung. Doch ____________________ missfällt es, dass ihm der Becher nicht schnell genug gefüllt wird. Er springt auf und versetzt dem säumigen Diener einen so wuchtigen Schlag auf den Kopf, dass der arme Bursche tot zu Boden stürzt. Im ersten Augenblick sitzen die Gäste starr vor Schreck. Dann aber springen alle ____________________ von ihren Sitzen und greifen zornbebend zu den ____________________, um den feigen Mörder zu stellen.
____________________ flieht eiligst zur Tür hinaus und läuft wie ein gehetztes Wild dem nächsten Walde zu.

Klettbuch 327093 - Die germanische Sagenwelt

__________ und die

__________ ,

unversöhnliche Feinde wie Wahrheit und Falschheit, treffen aufeinander und ein furchtbarer Kampf hebt an. Mit seinem Schwanz schlägt der Wurm nach dem Gegner und speit ihm Ströme heißen Giftes ins Angesicht. Aber der zornige __________ achtet das wenig; er bläst in den Bart, dass es wie Sturmgetöse rauscht, und schwingt mit furchtbarem Zorn den __________.

Da hat die alte __________ verloren; zerschmettert wird ihr das scheußliche Haupt und bald streckt sie sich tot in den Sand.

(nach: Deutsche Götter- und Heldensagen. Gondrom Verlag, Bayreuth 1983, s. 178 ff.)

Und die __________ strecken ihn zu Boden und schmieden ihn mit starken Ketten an einen unerschütterlichen Felsen. Über seinem Haupt bindet man eine scheußliche Schlange an einem Baum fest. Die speit dem Gefesselten ätzendes Gift ins Angesicht, das ihm unsägliche Pein verursacht.

Aber als die __________ den Ort verlassen, kommt zu __________ sein treues Weib Sigyn, um ihm Trost zuzusprechen und seine Schmerzen zu lindern. Ein Becken hält sie unter den Rachen der Schlange und fängt darin das niederträufelnde Gift auf. Wenn aber die Schale voll ist und Sigyn beiseite tritt, um den ätzenden Saft auszuschütten, dann windet sich __________ in seiner Qual mit solcher Kraft, dass die Erde erzittert.

Ereigniskarten für das folgende Höllenspiel

Grimmige Riesen bedrohen dich. Erkläre der Schulsekretärin deine Not. Nur mit einem Schulstempel auf der Hand findest du Gnade bei den Riesen und darfst weiter mitspielen.	Selbst als Besucher des Totenreiches erzitterst du vor dem, was die Verdammten in der Hölle erwartet. Du schlotterst vor Angst und musst einmal aussetzen.
Du weißt, wie man sich als Gast in Helheim zu benehmen hat. Also 3 Felder vorrücken!	Ein böser Drache verfolgt dich. Du erlebst das Spiel jetzt außerhalb des Klassenraumes. Stell dich vor die Tür. Die Mitspieler entscheiden, ob sie dich dort schmoren lassen, bis zwei Spielrunden vorbei sind. Deine Strafe kann auch früher beendet werden.
Bist du freundlich und nett oder eher vorlaut und frech? Befragen wir eine Münze: Zahl = freundlich: 5 Felder vor! Kopf = frech: 5 Felder zurück!	Nidhögger packt dich und du kannst einpacken. Zurück zum Start!
Du hörst das Hämmern der Zwerge aus ihren Höhlen für genau 15 Sekunden. Ohne auf die Uhr zu schauen, erhebst du dich und setzt dich nach dieser Zeit wieder. Der Lehrer stoppt. Die Zahl der Sekunden über oder unter der Zeit gehst du zurück.	Schlangen hängen von der Decke. Alle Mitspieler bilden jetzt eine Polonaise in Form einer Schlange. Still „schleicht" ihr für ca. eine Minute durch Helheim, eure Klasse. War's der Lehrerin / dem Lehrer zu laut: Alle zum Start!
Du befindest dich auf der goldenen Brücke. Bilde jetzt mit deinem Körper eine „Brücke", unter der alle Mitspieler hindurchkriechen müssen.	Nenne eine Gestalt aus der germanischen Sagenwelt, deren Name mit demselben Anfangsbuchstaben beginnt wie der Vorname eines beliebigen Mitspielers. Sonst 4 Felder zurück!
Nenne innerhalb von zehn Sekunden so viele germanische Götter, wie dir einfallen. Um diese Anzahl rückst du vor.	„Schlammhölle" Darunter kannst du dir ja nun gar nichts vorstellen. Du säuberst sofort eure Klasse, bis die Lehrerin / der Lehrer zufrieden ist. Jetzt weißt du, was „Schlammhölle" ist.
Diese Karte gibst du sofort an einen deiner Mitspieler weiter. Er stellt dir die Aufgabe. Eines der folgenden Worte muss rückwärts buchstabiert werden: „Modguder", „Nidhögger", „Zwergenhöhle". Pro Fehler ein Feld zurück.	Du bist im Paradies. Lass dich verwöhnen. Wenn du nicht mit der Zuwendung deiner Mitspieler zufrieden bist, dann verfüge, dass alle für eine Runde aussetzen.

Die Reise durch das Totenreich - ein Höllenspiel

(Gespielt wird dieses Spiel als Würfelspiel mit Spielpuppen für jeden der bis zu 6 Spieler. Eigene Regeln können erfunden, eigene Ereigniskarten (E) hinzugefügt werden.)

Hel, die Beherrscherin des Totenreiches, Helheim genannt, gewährt dir einen Einblick in ihr Reich. Um in die Unterwelt hinabzusteigen, musst du eine ungerade Zahl würfeln.

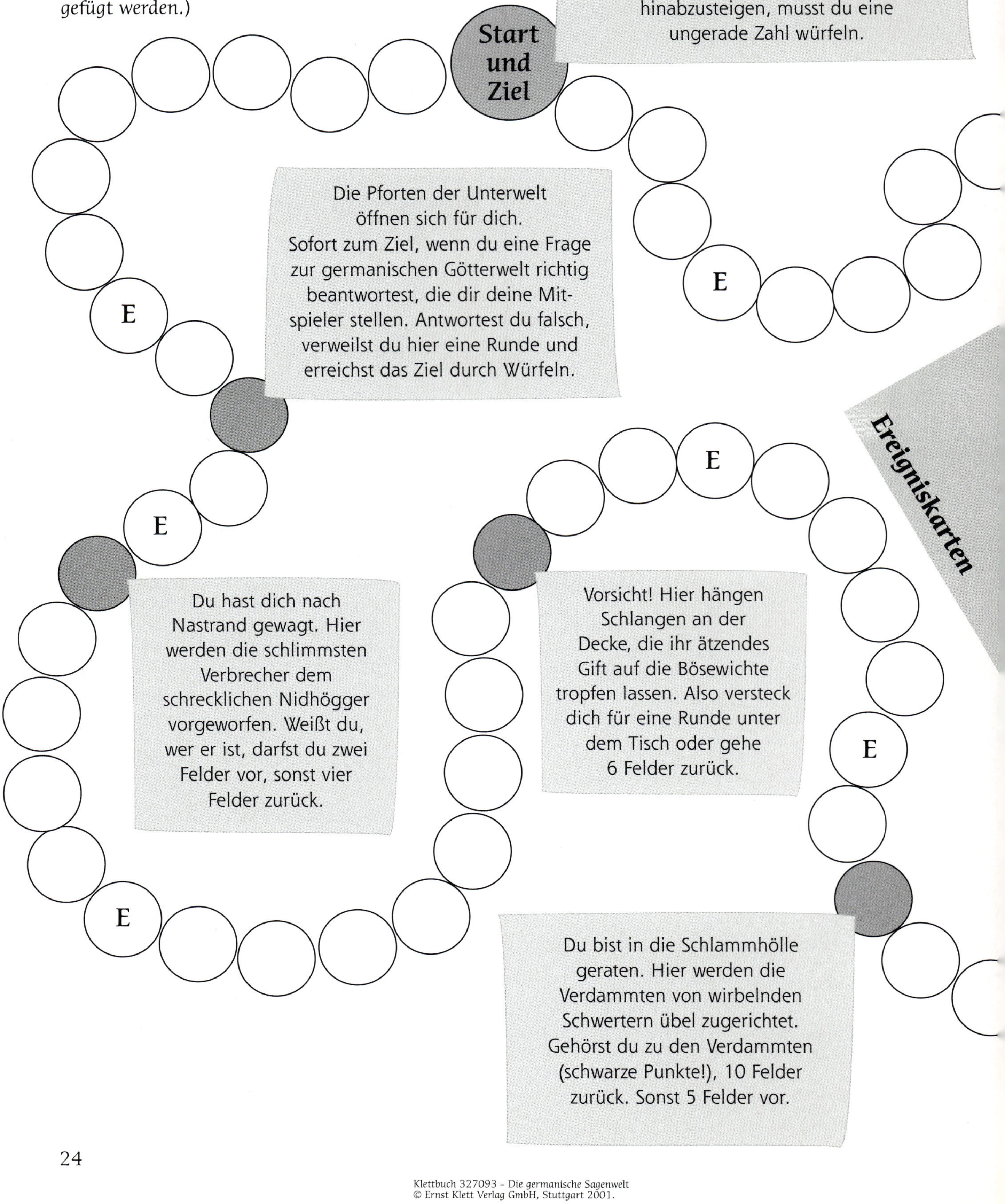

Eine goldene Brücke wölbt sich hier über den Gjöll, den schwarzen Strom der Unterwelt. Überschreitest du sie, so stehst du vor den Toren des Totenreiches. Sie öffnen sich nur für dich, wenn du eine „2" würfelst.

Hier wacht die Jungfrau Modguder. Nur Verstorbene lässt sie ins Totenreich hinein. Also stell dich tot und setze einmal aus.

Ereigniskarten

Dir erscheint Hel. Wenn du mit einer geraden Augenzahl auf dieses Feld gelangt bist, gehörst du zu den guten Menschen und hast nichts zu befürchten. Gelangst du aber mit ungerader Augenzahl hierher, bist du ein Bösewicht, der verdammt ist. Du bekommst von jedem Mitspieler einen schwarzen Punkt auf die Nase gemalt.

Hier sitzen die Guten in einer reich geschmückten Halle an goldenen Tischen und Bänken. Du fühlst dich wie im Paradies. Einmal aussetzen!

Garm, der furchtbare Höllenhund, bellt dich so laut an, dass du vor Angst bis zum nächsten Ereignisfeld rennst.

Klettbuch 327093 - Die germanische Sagenwelt

Die Runenschrift

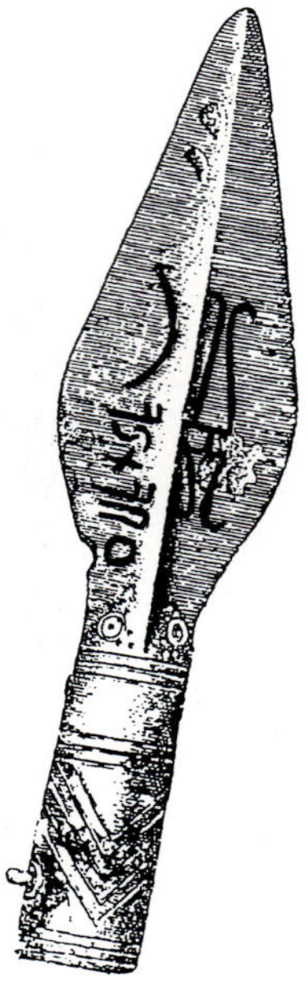

Die Runen waren die Schriftzeichen der Germanen. Sie benutzten sie allerdings nicht um lange Texte und Geschichten zu schreiben. Die Runen („Rune“ bedeutete ursprünglich „Geheimnis“ und ist verwandt mit „raunen“ = geheimnisvoll flüstern) waren eher heilige Zeichen mit Zauberkraft.
Die Sage erzählt, dass Wodan, der höchste Gott der Germanen, die Runen erdacht hat, nachdem er neun Tage und neun Nächte mit dem Kopf nach unten an der Weltesche gehangen hatte.
Runenmeister ritzten die Runen in Schwerter, Lanzenspitzen, Werkzeuge, Steintafeln und sogar in die Steuerruder von Schiffen. Die Runenzeichen sollten Glück bringen und Unglück abwehren.
Aber auch viele germanische Frauen kannten die Runen. Hier ritzte die Runenmeisterin Blidgund einen Text in das Holz eines Webstuhls:

Möglicherweise bedeutet er dies:
Eine Frau mit Namen Inuba wünscht einem Mann Hamal Liebes.
Die Runen schrieb eine Frau mit Namen Blidgund.

Versuche einmal deinen eigenen Namen in Runenbuchstaben zu schreiben. Wie sich die Runen unseren heutigen Buchstaben zuordnen lassen, zeigt dir das unten abgebildete Schaubild. Falls dir Buchstaben fehlen, die den Germanen unbekannt waren, so ist dein Ideenreichtum gefragt.

*Mein Name:*______________________________

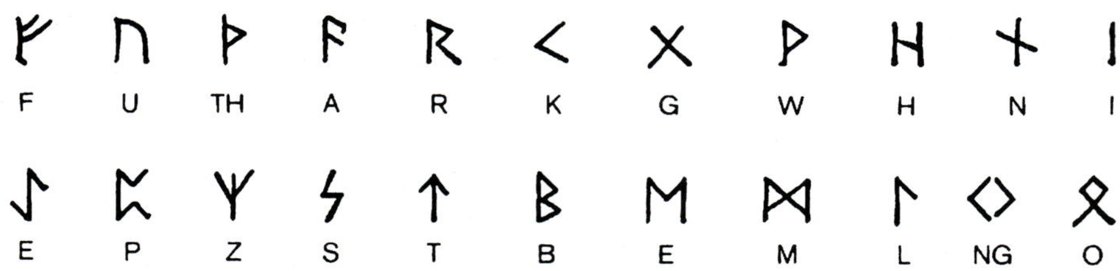

Benutzt die Runen doch einfach mal als Geheimschrift.
Dann können nur noch „Eingeweihte“ eure Briefe entziffern.

Germanisches Runenorakel

Jede Rune hatte auch eine symbolische Bedeutung.
Warum also nicht die Runen einmal als Orakel befragen?

Lege die Seiten mit den Runenkärtchen auf den Tisch, schließe die Augen, konzentriere dich und tippe mit dem Finger auf eine Rune. Welche Botschaft hält sie für dich bereit?

Wollt ihr jedoch germanische Traditionen pflegen, dann schneidet zuvor einen Ast in kleine Stücke und ritzt in jede Astscheibe ein Runenzeichen. Gebt die Astscheiben in einen Becher und leert ihn wie beim Würfeln auf einem ausgebreiteten Tuch. Erhebt die Augen zum Himmel, wählt eine Scheibe „blind" aus und bestimmt so euer „Schicksal".

WUNJO - Bedeutung: Wonne (Glück) Erfolg in der Schule fällt dir nicht einfach zu. Doch du arbeitest gewissenhaft und kannst anschließend auch die Früchte deiner Anstrengungen genießen. Weiter so! Das Glück ist mit dem Tüchtigen.	**ANSUZ - Bedeutung: Ase = Gott** Du scheinst die Weisheit für dich gepachtet zu haben, denn du triffst Entscheidungen, die zum Erfolg führen. Das verschafft dir Anerkennung im Kreis deiner Freunde.
ALGIZ - Bedeutung: Elch (Abwehr) Du bist überzeugt von deiner Kraft und Stärke. Nichts scheint dich im Augenblick aus der Bahn werfen zu können. Aber werde nicht übermütig. Ganz auf dich allein gestellt wirst du scheitern. Auch du brauchst zuverlässige Freunde.	**I(H)WAZ - Bedeutung: Eibe** Die Eibe steht für einen Neubeginn, denn in ihrem Stamm wächst schon ein neuer Schössling heran. Mach etwas aus deinem Leben. Also gib dir einen Ruck!
PEORD (ÞERPO) - Bedeutung: Würfelbecher Du forderst durch deine Faulheit das Schicksal förmlich heraus. Die nächste Deutscharbeit steht bevor. Wenn du jetzt nicht arbeitest, „sind die Würfel gefallen", aber nicht zu deinen Gunsten.	**JERAN - Bedeutung: (gutes) Jahr (Ernte)** Denke nicht einfach, dass du jetzt „absahnen" kannst. Wer ernten will, der muss zuvor auch säen. Hast du alles getan, um dieses Schuljahr erfolgreich abzuschließen?
KENAZ (KAUNUAN) - Bedeutung: Fackel Stelle dein Licht nicht länger unter den Scheffel. Nutze deine Fähigkeiten. Bisher hast du dich zurückgezogen. Doch nun heraus aus dem Schneckenhaus! Endlich ist dir ein Licht aufgegangen.	**EHWAZ - Bedeutung: Pferd** Ein Pferd ist ein stolzes Tier. Sei auch du stolz auf deine Leistungen. Prahle aber nicht damit. Andere halten dich sonst für einen Angeber.

Klettbuch 327093 - Die germanische Sagenwelt

ᛞ **DAGAZ - Bedeutung: Tag (Licht)** Das Glück ist dir hold. Du bist eine richtige „Lichtgestalt“. Du sprühst nur so vor Energie. Bleibe trotzdem auf dem Teppich. Lass auch die anderen nicht im Schatten stehen.	ᚠ **FEHU - Bedeutung: Vieh** Bei den Germanen waren Viehherden ein Zeichen des Reichtums. Für dich bedeutet das aber nicht, dass du Taschengeld im Überfluss hast. Wissen ist dein Reichtum. Hilf denen, die nicht so viel wissen wie du.
ᚷ **GEBO - Bedeutung: Gabe (Geschenk)** Du bekommst „Geschenke“ von allen Seiten. Gute Noten in der Schule, Aufmerksamkeiten von Mitschülern, Eltern, Verwandten. Was ist mit dir? Verteilst du auch Geschenke?	ᚺ **HAGLA - Bedeutung: Hagel** Dir ist die Petersilie reichlich verhagelt. Es hätte dir klar sein müssen, dass schlimme Taten auch Strafen nach sich ziehen. Mit deiner jetzigen Einstellung „geht alles den Bach runter“. Ändere dich!
ᛒ **BERKANAN - Bedeutung: Birkenreis** Die Birke wächst als erste wieder, wenn ein Feuer alles vernichtet hat. Auch du lässt dich nicht unterkriegen. Selbst wenn alles schon verloren scheint, bäumst du dich auf und kämpfst um bessere Noten.	ᚢ **URUZ - Bedeutung: Ur (Auerochse)** Wahre Stärke besitzt nur der, der Herr über sich selbst ist. Du setzt deine Stärke oft falsch ein, indem du Streit vom Zaun brichst. Also lass dich nicht zu Wutausbrüchen hinreißen. Bleibe cool!

Die Germanen verwendeten aber noch zehn weitere Runenzeichen:

Runenzeichen	Runenname – Bedeutung:		
ᚦ	THURISAZ (ÞURISAZ)	–	Riese, Thurse
ᚱ	RAIDO	–	Reise, Ritt, Wagen
ᚾ	NAUDIZ	–	Not, Zwang
ᛁ	ISAZ (ISA-)	–	Eis
ᛊ	SOWILO	–	Sonne
ᛏ	TEIWAZ (TIWAZ)	–	Tyr (Schwertgott)
ᛗ	MANNAZ	–	Mensch, Mann, Gemeinschaft
ᛚ	LAGUZ	–	Wasser
ᛜ	INGUZ (INGWAZ)	–	Gott des fruchtbaren Jahres
ᛟ	ODAL (OÞALAN)	–	Besitz, Erbbesitz

Vervollständigt das Runenorakel, indem ihr auch diesen zehn Zeichen Bedeutungen zuordnet, die der heutigen Zeit entsprechen.

Das goldene Horn von Gallehus (Dänemark)

Runen und geheime Zeichen findest du auch auf diesem alten germanischen Trinkhorn. Es ist aus purem Gold und diente wohl kultischen Zwecken. Trinkhörner, vor allem aus dem Horn eines Büffels, waren bei den Germanen sehr beliebt.

Am Hosenbund befestigt waren sie ständige Begleiter der, wie anzunehmen ist, äußerst trinkfesten Germanen. Füllte man die Hörner zu den entsprechenden Anlässen mit Met oder anderen Getränken, dann ist schon an der Form zu erkennen, dass sie nicht abgestellt werden konnten, sondern vermutlich in einem Zug geleert wurden. Stülpte man sie anschließend umgekehrt auf den Tisch, so war dies das Zeichen, dass nachgefüllt werden sollte.

Ihr könnt jetzt dieses besonders schöne Trinkhorn selbst herstellen. Kein Problem mit den Tipps auf dieser und dem Bastelbogen auf der nächsten Seite.

- Vor dem Ausschneiden die Teile 1 – 6 mit Goldfarbe bemalen (Klebeflächen seitlich und unten aussparen) und, wie das Original zeigt, mit Runen, Zeichen und Symbolen verzieren.
- Teile 1 – 5 ausschneiden.
- Die unteren Klebeflächen an den Linien ein- und die Keile herausschneiden.
- Jedes Teil zur Rolle formen und an der seitlichen Klebefläche verkleben.
- Teil 6 (Boden) ausschneiden. Zacken nach unten knicken und mit Teil 5 verkleben.
- Teile nach der Nummerierung ineinander stecken und verkleben.
- Klebelaschen von innen gut andrücken.
- Nächste Rolle erst dann verkleben, wenn die zwei vorigen fest zusammengefügt sind.
- Paketschnur als Verzierung über die Nähte kleben.
- Am oberen Rand dickere Paketschnur verwenden (Schnüre ebenfalls golden anmalen).
- Um aus dem Horn auch wirklich trinken zu können, oben einen Partybecher (Durchmesser = 7cm) hineinstecken.
- Das Horn mit einem Lederband am Gürtel befestigen.

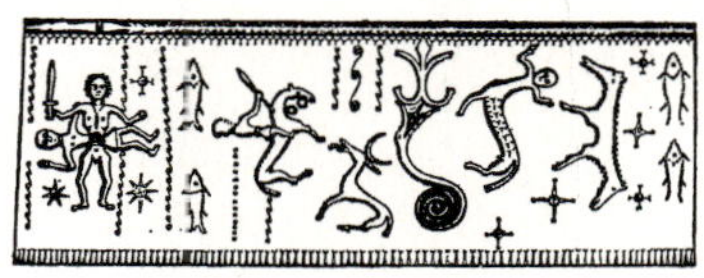

Bastelbogen (Vor dem Ausschneiden müssen die Bauteile auf stärkeres, trotzdem biegsames Papier fotokopiert und auf DIN A3 vergrößert werden.)

„Sagen"-hafte Schnuppertexte

Hier findest du Ausschnitte aus den folgenden vier Sagen: „Wieland der Schmied", „Gudrun", „Donar und Skymir", „Der Raub Idunas".
Aber welcher Text gehört zu welcher Sage? Finde es heraus und füge Namen und Überschriften ein.

Zornig sprang ____________________ auf, trat vor den Schnarcher und gab ihm einen Schlag auf den Scheitel, dass der Hammer ziemlich tief eindrang. ____________________ schlug die Augen auf und meinte etwas unwirsch: „Da ist mir eine Eichel auf den Kopf gefallen; nur gut, dass es kein Mühlstein war!" ____________________ ärgerte sich und dachte: „Ich muss ihm noch einen Schlag versetzen, solch ein felsenharter Unhold ist mir noch nicht vorgekommen." So trat er erneut zu dem unter einem Baum schlafenden Riesen ...

Da schrie Loki vor Schmerz auf und bat um Schonung. Doch der Riese Thiassi in Adlergestalt sagte, Loki werde nur unter der Bedingung wieder freikommen, dass er die Göttin ____________________ samt ihren Äpfeln aus Asgard herausbringe. Das versprach Loki. Er lockte ____________________ aus Asgard heraus in den Wald. Er habe dort herrliche Äpfel gesehen, erzählte er ihr, die müsse sie sich anschauen, und sie solle ihre Äpfel mitbringen, um sie zu vergleichen ...

Nun war es zu spät. In hellen Scharen strömten die Feinde in die Burg. Die Könige Ludwig und Hartmut schlugen sich Bahn und ließen bald ihre Banner von Türmen und Zinnen wehen. Hartmut trat vor ____________________ und sagte: „Hier bin ich, den Ihr verschmäht habt. Was Euer Stolz nicht wollte, das bewirkt nun Gewalt." Und sie plünderten die Burg, nahmen Schätze und kostbare Gewänder an sich. Sie warfen Feuer in die Stadt und ...

Für den Fall aber, dass er seinen Sohn nicht pünktlich nach Ende der Lehrzeit wieder abholen könnte, hatte der Vater sein Schwert tief in den Boden gestoßen. ____________________ sollte sich damit zur Wehr setzen, falls die Zwerge ihm aus Neid, weil er sie in der Schmiedekunst inzwischen übertraf, nach dem Leben trachteten. Als nun der Vater zum festgesetzten Zeitpunkt nicht kam, zog ____________________ die Waffe hervor und schlug ihnen damit den Kopf ab. Dann holte er ...

Wähle einen Textausschnitt aus und gestalte ihn zu einer vollständigen Sage aus.

Runenstein mit Bildgeschichte

Szene aus:

Sieh dir diesen alten Runenstein einmal genau an und beschreibe das eingeritzte Bild.

Das Bild veranschaulicht eine Szene aus einer der vier Schnuppertext-Sagen. Wenn du herausgefunden hast, um welche Sage es sich handelt, gib dem Runenstein die passende Bildüberschrift.

Wählt eine Szene aus einer anderen Sage aus und zeichnet sie im Stil der alten Germanen.

Für besondere Experten:
Ihr könnt euer Bild auch mit einem spitzen Stein oder einem großen Nagel in eine Schieferplatte ritzen.

Siegesmunt und Hildegunt

Germanische Vornamen sind oft aus zwei Wörtern mit besonderer Bedeutung zusammengesetzt.
Häufig benutzte man Worte oder Wortteile, die die Kraft, die Macht und den Siegeswillen der Germanen zeigten.

Hier einige germanische Begriffe mit ihrer Übersetzung. Leider sind die Übersetzungen den Begriffen noch nicht zugeordnet. Die Übersetzungen haben Kennbuchstaben, die in die Klammern eingetragen werden müssen. Mit Hilfe des Lösungswortes wird es dir gelingen, alles richtig zuzuordnen.

wolf, wulf	=	______________________	( )
ber, bern	=	______________________	( )
fried	=	______________________	( )
sigu	=	______________________	( )
gunt, hilt, wic	=	______________________	( )
bert, mar	=	______________________	( )
diet, Theod	=	______________________	( )
helm, ger, ort	=	______________________	( )
munt	=	______________________	( )
rich	=	______________________	( )

Hier nun die Übersetzungen:
(Bär **I**); (Friede **B**); (glänzend, berühmt **U**); (Kampf **L**); (mächtig **N**); (Schutz **E**); (Schwertspitze **G**); (Sieg **E**); (Volk **N**); (Wolf **N**)

Auch in heutigen Namen findet ihr noch germanische Ursprünge, z.B in Diethelm, Dietmar, Wolfgang, ...

Ihr findet bestimmt noch viele andere Beispiele.

Wer von euch hat die längste Namensliste?

Klettbuch 327093 - Die germanische Sagenwelt

Germanen-Schätze

Diese Germanen-Schätze sind in einem Museum ausgestellt. Beschrifte die Exponate.
Die hier aufgeführten Namensteile der richtigen Bezeichnungen helfen dir dabei:

Adler, dem, Dia, fibel, fibel, fibel, fibel, fibel, kopf, pfosten, Prunk,
Scheiben, Schlangen, Tier, Zikaden

Schon gewusst? Eine Fibel ist eine Gewandnadel oder Brosche.

Eine Adlerfibel aus dem Ostgotenschatz als Fensterbild

Diese goldene Adlerfibel (im Original 12 cm groß) trug eine Germanin von hohem Rang und Ansehen vor ca. 1500 Jahren als Schmuck an ihrem Gewand.

Die Fibel hatte auch eine praktische Bedeutung. Gewandfibeln dienten nämlich damals dem Zweck, den heute Knöpfe oder Reißverschlüsse erfüllen.

Die hier vergrößert dargestellte Gewandfibel dient als Vorlage für ein Fensterbild. Du kannst dieses Fensterbild mit Hilfe eines „Window Color Sets“ aus dem Bastelfachgeschäft herstellen.

Eine besonders schöne Wirkung erzielst du mit Glasmalfarbe.

Befestige diese Vorlage unter einer (Acryl-) Glasscheibe (mit Umrahmung und Aufhängemöglichkeit) und zeichne die Konturen mit Goldfarbe nach.

Male die Zwischenräume farbig aus.

Beachte:
Die Germanen füllten die Leerräume zwischen den Goldstegen mit Glaseinlagen in den Farben rot, blau und grün oder setzten dunkelrote Granatsteine in die Rundfassungen.

Ausflugstipp:
Das Original dieser Adlerfibel findest du im Germanischen Museum in Nürnberg.
Ein Ausflug hierhin lohnt sich auf jeden Fall.
Auch andere (Germanen-)Schätze warten hier auf dich.

Eine germanische Scheibenfibel (Bastelanleitung)

Wittislingen, (Lkr. Dillingen a.d. Donau, Bayer.-Schwaben) Deutschland.
Mitte 7. Jahrhundert. Durchmesser 8,3 cm.
Archäologische Staatssammlung, München.

Mit einer „original“ germanischen Scheibenfibel kannst du dich auch schmücken.

Tipp: Betreibe Abfallrecycling!
Verwende als Scheibe den Metalldeckel eines kleinen Marmeladen-, Oliven-, Mayonnaisen- ... glases.

Du klopfst den Rand dieses Deckels mit einem Hammer flach. So entsteht eine runde Scheibe, die der Originalform sehr nahe kommt.

Anschließend bemalst du die Oberfläche zunächst einmal mit Goldfarbe.

Picardie, Frankreich. Spätes 6. bis frühes 7. Jahrhundert. Durchmesser 3,6 cm.
Museum für Vor- und Frühgeschichte, Berlin.

Du kannst anhand der Vorlagen die Ornamente und Konturen mit einem nicht wasserlöslichen Filzstift auftragen.

Oder orientiere dich an anderen germanischen Motiven und gestalte die Scheibenfibel im germanischen Stil frei.

„Edelsteine“ zur Verzierung findest du in jedem Bastelgeschäft.

Beachte bei der Auswahl und Farbgebung die Hinweise zur „Adlerfibel“. Mit einer auf der Rückseite aufgeklebten Broschennadel befestigst du dein germanisches Schmuckstück an der Kleidung.

Dietrich, der junge Recke

Hier siehst du den jungen Dietrich bei der Jagd. Dietrich war der älteste Sohn des mächtigen Gotenkönigs Dietmar.

Er regierte in der Stadt Verona, die auch Bern genannt wurde. Sicherlich willst du mehr über den tapferen Helden Dietrich erfahren.

Leider sind aus der folgenden Sage alle Nomen herausgefallen. Wenn du sie wieder an der richtigen Stelle eingesetzt hast, erhältst du viele Informationen über Dietrich, den jungen Recken.

Die einzusetzenden Nomen findest du hier:
Abenteuer, Arme, Atem, Eichenstamm, Feuerglut, Gesicht, Haar, Helden, Land, Lehrmeister, Locken, Mord, Nacken, Plünderungen, Raub, Recke, Riesen, Schultern, Streite, Waffen, Zorn

Blondes ____________ fiel ihm in ______________ auf die ______________________ herab; ein mächtiger ____________, ___________, hart und stark wie ein ______________________, ein regelmäßiges _________________, das aber, wenn er zornig wurde, grimmig und schrecklich erschien, das alles verriet früh den löwenmütigen _____________________, der im _________________ unbezwingbar war.

Man sagte sogar, sein _______________ sei wie _________________, wenn er in heftigen ____________________ geriet...

Der kluge und tapfere ________________ Hildebrand wurde sein ___________________ und machte ihn mit den _______________ vertraut.

Und schon bald hatten die beiden ihr erstes ______________________ zu bestehen, denn zwei furchtbare ____________________ machten das ____________ durch __________, ________________ und _______________________ unsicher.

(nach: Deutsche Götter- und Heldensagen. Gondrom Verlag, Bayreuth 1983, S. 307)

Dietrichs erstes großes Abenteuer

Sabrina, Schülerin der 7d, berichtet "live" von dem ersten Abenteuer, das der junge Dietrich zu bestehen hat:

Hallo, hier spricht Sabrina von „Germanien-Today“. Ich berichte live aus der Höhle der beiden Riesen Grim und Pim. Ich habe mich in eine Felsspalte gequetscht und spähe vorsichtig um die Ecke. Da kommt er schon, der schöne junge Dietrich, dicht gefolgt von seinem Waffenmeister Brandhilde. Stolz und Kampfesmut blitzen aus seinen Augen. Er bindet den Helm fester, reißt sein Schwert aus der Scheide und betritt kühn und unerschrocken die Höhle. Aber bevor hier die Fetzen fliegen, noch schnell etwas zur Vorgeschichte. Also, ihr wisst ja schon, dass böse Riesen das ganze Königreich verwüsten. Dietrich brennt natürlich darauf, die Unholde im Kampf zu besiegen. Auf der Suche nach den Riesen stieß er eines Tages auf Alberwicht, einen berühmt-berüchtigten Zwerg, der zwar sehr gut schmieden kann, aber auch ein Klaubock ist. Und da Dietrich dachte, dass der Zwerg mit den Riesen unter einer Decke steckt, schnappte er sich den kleinen Wicht und wollte ihn töten.

Aber Alberwicht zappelte und bettelte um sein Leben. Ganz viele Süßigkeiten versprach er Dietrich, wenn er ihn frei ließe. Einziges Problem: Die Süßigkeiten haben die schrecklichen Riesen Grim und seine Frau Pim, in deren Höhle ich mich gerade versteckt halte, geraubt und sie gehören jetzt ihnen. Grim ist so groß wie ein ganzer Berg und so stark wie 100 Zwerge. Pim ist sogar noch stärker. Gemein sind sie beide und hinterlistig. Sie sind es nämlich auch, die mit ihrem Superschwert Nebelhorn durch das Land ziehen und Leute umbringen. So befahl Dietrich dem Zwerg, ihm nicht nur die Höhle der Riesen zu zeigen, sondern auch das Wunderschwert für ihn zu stehlen. Denn er wusste, nur mit diesem Schwert würde er die Riesen besiegen können. Und genau dieses Schwert hält Dietrich nun ... Au, jetzt geht hier die Post ab: Grim hat Dietrich entdeckt. Sein Gesicht verzerrt sich zu einer grauenhaften Fratze, er greift in die Futterkiste... Aber sein Schwert ist weg. Er tobt und rast vor Wut. Er stampft auf Dietrich zu, dass der Boden bebt. Und jetzt... oh nein, was macht er jetzt??? Er reißt einen brennenden Baumstamm aus dem Boden und schlägt damit auf Dietrich ein. Was für ein Glück, dass Dietrich das Schwert Nebelhorn in Händen hält! Funken sprühen, als er damit die furchtbaren Schläge abwehrt. Endlich kommt jetzt Brandhilde und will ihm zu Hilfe eilen.
Aber nein, er kommt nicht weit. Von hinten wird er von der Riesin erfasst und zu Boden gedrückt. Mit ihren Riesenhänden kitzelt sie ihn so durch, dass ihm die Luft wegbleibt. Und jetzt springt sie auch noch auf ihn, um ihn mit ihrem Riesenkörper förmlich zu zerquetschen! Er japst, er röchelt, ich kann es gar nicht mehr mit ansehen. Blut spritzt ihm aus den Ohrläppchen. Dietrich, rette ihn! Als jetzt Dietrich sieht, wie Pim seinen Meister fertigmachen will, verdoppeln sich vor lauter Wut seine Kräfte. Mit einem einzigen Schwerthieb schlägt er dem Riesen Arme und Beine ab und eilt Brandhilde zu Hilfe. Er springt auf die Riesin zu und schlägt ihr den Kopf ab. Puhhh, das war Rettung in letzter Minute. Mir stehen Schweißperlen auf der Stirn. Aber bevor ich vor Aufregung in Ohnmacht falle, will ich euch noch schnell erzählen, wie es hier weitergeht. Unser junger Held sucht jetzt die ganze Höhle nach Süßigkeiten ab. Aber was ist das? Er findet sogar noch einen kostbaren Helm mit dem Namen „Wilde Hilde“. Stolz setzt er ihn auf. Und da der Helm weicher als ein Gummibärchen ist, will er nie wieder einen anderen tragen.

Na, hast du es schon bemerkt? Sabrina ist ein kleiner Spaßvogel und hat 14 Fehler (manche mehrfach) in ihre Reportage eingebaut. Streiche die Fehler rot an und notiere die Verbesserungen am Rand.

Tipp: Vergleiche Sabrinas Bericht mit dem von G. Sachse nacherzählten Sagentext auf der nächsten Seite.

Dietrichs Kampf mit den Riesen

Einst hatte Dietrich bei der Jagd Alberich, den gerissenen Dieb und kunstfertigsten aller Zwerge, aufgegriffen und wollte ihn töten. Denn er glaubte, dass Alberich mit den räuberischen Riesen im Bund stehe.

„Herr", rief dieser, „schone mein Leben und lass mich frei! Ich will dir mehr Schätze zeigen, als dein Vater je besessen hat. Die Schätze gehören dem Riesen Grim und seiner Frau Hilde. Sie sind es, die das Land verwüsten, morden und brandschatzen. Grim ist ein Kerl wie ein Berg und stark wie zwölf Männer. Aber Hilde ist noch stärker, und beide sind grimmig und tückisch. Auch besitzen sie ein Schwert, es heißt Nagelring; ein besseres gibt es nicht, ich selbst habe es geschmiedet. Nur wenn du dieses Schwert gewinnst, kannst du sie besiegen. Geh, Herr, hol dir den Schatz, das wäre eine bessere Heldentat, als mich armen Dreikäsehoch anzugreifen!"
Dietrich erwiderte: „Du kommst mir nicht lebend aus den Fingern, wenn du nicht schwörst, mir noch heute das Schwert Nagelring zu verschaffen. Dann zeigst du mir den Ort, wo der Schatz zu finden ist!"
Das versprach der Zwerg. Bald darauf erschien Alberich auch tatsächlich am verabredeten Ort, übergab Dietrich das Schwert und wies ihm den Weg zur Höhle der Riesen. Dann verschwand er. Kühn stürmte Dietrich voran, dicht gefolgt von Hildebrand.
Als der Riese den fremden Mann in Waffen hereinkommen sah, griff er sogleich in die Waffentruhe, fand aber sein Schwert nicht. Das konnte nur der diebische Alberich gestohlen haben! Schnell riss er einen brennenden Baumstamm aus dem Herdfeuer und schlug damit auf Dietrich ein.

Dietrich wehrte die Schläge mit dem Schwert Nagelring ab. Hildebrand wollte ihm zu Hilfe kommen, fühlte sich aber plötzlich von hinten umfasst und am Hals gewürgt. Die Riesin Hilde hielt ihn so fest im Griff, dass er keinen Streich gegen sie führen konnte. Vergebens versuchte er sich zu befreien. Sie rangen miteinander, bis er zu Boden stürzte. Die Riesin lag auf ihm, versuchte ihn zu binden und presste ihn derart, dass ihm die Luft knapp wurde und das Blut unter den Nägeln hervorsprang.
Als Dietrich das sah, geriet er erst recht in Zorn. „Ich komme!", rief er und schlug dem Riesen Grim mit einem mächtigen Streich den Kopf ab. Dann sprang er auf Hilde zu und hieb sie in zwei Stücke.

(nach: Günter Sachse, Deutsche Heldensagen. C. Bertelsmann Verlag, München 1994)

Dietrichs Verschwinden

Dietrich ist nach vielen ruhmreichen Abenteuern alt geworden: „Er wohnte nicht mehr den fröhlichen Gelagen der Helden bei; selbst die Feste zu Ehren seiner Siege waren ihm gleichgültig; nur die Jagd machte ihm noch Vergnügen ... Einstmals badete er im Fluss. Da trabte ein Sechzehnender mit goldenem Geweih, wunderbar anzusehen, vorüber, dem grünen Walde zu. Er sprang aus dem Wasser, warf sein Gewand um und rief nach Ross und Hunden. Ehe die Diener das Verlangte herbeischaffen konnten, erblickte Dietrich einen rabenschwarzen Hengst, der ihm entgegenwieherte, Schwert und Jagdspieß ergreifend schwang er sich auf das edle Tier und jagte dem Hirsch nach. Vergebens folgten ihm die mit Pferden herzueilenden Knappen; der Held rannte fort, schneller und immer schneller und kehrte nicht wieder zurück."

(aus: Deutsche Götter- und Heldensagen. Gondrom Verlag, Bayreuth 1983, S. 400)

Wie ist Dietrichs Verschwinden zu deuten?
Entscheide, welche Aussagen richtig, welche falsch sind.
Trägst du dann erst die Buchstaben der richtigen, danach der falschen Aussagen in ihrer Reihenfolge hier ein, so erfährst du den Namen von Dietrichs Frau.

____ ____ ____ ____ ____ ____ ____ ____

a) Der Hirsch ist ein Trugbild, das der Tod ihm vorgaukelt. **V**

b) Dietrichs Gefolgsleute haben ihm den Hirsch zugetrieben, um ihm eine Freude zu machen. **R**

c) Der Hirsch ist ein Geschenk der Elfenkönigin, die sich unsterblich in ihn verliebt hat. **G**

d) Dietrich hat sein Verschwinden mit dem feurigen Hengst geplant, um in fernen Ländern weitere Abenteuer zu bestehen. **I**

e) Dietrich gelingt es nicht, den schnellen Hirsch zu erlegen, und er stürzt sich vor Wut in sein Schwert. **N**

f) Um den heimtückischen und feigen Mord an Dietrich zu vertuschen, verbreiten seine Gefolgsleute diese Geschichte. **A**

g) Der Hengst ist der Tod, der Dietrich in sein Reich holt. **I**

h) Dietrich verschwindet für drei Monate, um die Treue seiner Gefolgsleute zu erproben. **L**

Siegfried, der Drachentöter

Siegfried, der Held der Nibelungensage, stellt sich hier vor. Du musst die Textabschnitte auf dieser und der nächsten Seite in die richtige Reihenfolge bringen. Ordne alles richtig an. Dann weißt du, dass Siegfried trotz allem doch ________________________ ist.
Verfasse anschließend eine spannende Live-Reportage über Siegfrieds Kampf mit dem Drachen.

R

Zuerst landete ich bei einem Schmied, der mich in sein Handwerk einwies. Ich zeigte ihm meine Kraft durch einen einzigen Schlag auf seinen Amboss. Da, wo vorher der Amboss gestanden hatte, war anschließend nur noch ein Loch im Boden, in das ich ihn hineingeschlagen hatte.

R

Das brachte mich auf die Idee, meinen ganzen Körper im Drachenblut zu baden, um für immer unverwundbar zu sein."
Anmerkung: Während Siegfried sich im Blut des Drachens wälzte, fiel ein kleines Lindenblatt vom Baum. Im leichten Wind schaukelnd und taumelnd, wehte es auf Siegfrieds Rücken. An eben dieser Stelle konnte das Drachenblut nicht an die Haut gelangen. Doch Siegfried merkte davon nichts.

N

Frohen Mutes machte ich mich auf den Weg zum Köhler und bog an der Weggabelung, so wie mir die Gesellen es beschrieben hatten, nach links ab. Statt zur Holzkohle gelangte ich so in eine Schlucht, in der ich ein großes Abenteuer zu bestehen hatte.

V

„Am Königshof zu Xanten wuchs ich zu einem starken, jungen Mann heran. Wegen meiner Schönheit und Stärke wurde ich von vielen gepriesen. Aber meine unbändige Kraft ist immer wieder zu einem Problem für mich geworden. Ich konnte sie einfach nicht beherrschen und setzte sie oftmals falsch ein.

U

Mag sein, dass mich der Schmied wegen meiner Fähigkeiten den anderen Gesellen gegenüber bevorzugt hat. Tatsache ist, dass die anderen Schmiedegesellen neidisch auf mich waren. Ich habe das erst später bemerkt. Als ich nämlich zum erstenmal Holzkohle herschaffen musste, schickten sie mich bewusst in mein Verderben. So glaubten sie jedenfalls.

A

Blut spritzte aus dem Körper des sterbenden Drachen. Einiges davon traf auch meine Haut. Es haftete sofort und ließ sich auch nicht wieder entfernen. Das Blut fühlte sich wie eine zweite Haut an und erwies sich als ebenso undurchdringlich wie eine Rüstung. Selbst Hiebe und Stöße, die ich mit dem Schwert an diesen Stellen versuchte, prallten ab, ohne Verletzungen zu hinterlassen.

W

Nach und nach brachte mir der Schmied auch Geschicklichkeit bei. Als Gesellenstück musste ich ein feines Netz aus Metall fertigen. Als ich es geschafft hatte, war es so stark, dass man es nicht zerreißen konnte. Aber es war auch so fein, dass man es mit bloßem Auge fast nicht erkennen konnte. So lernte ich außer meiner Stärke auch das Feine kennen und konnte meine Kraft fortan besser einsetzen.

D

Plötzlich hörte ich ein böses Fauchen hinter mir. Als ich mich umdrehte, sah ich mich einem fürchterlichen Ungeheuer gegenüber. Felsbrocken flogen mir um die Ohren, denen ich nur knapp ausweichen konnte. Mutig zückte ich mein Schwert, konnte mich der Bestie, einem riesigen Drachen, aber nicht nähern.

E

Eines Tages beschlossen meine Eltern, es sei Zeit, dass ich hinaus in die Welt gehen sollte, um mein Leben in die eigenen Hände zu nehmen. Dadurch sollte ich auch lernen, meine unbeherrschten Kräfte zu zügeln. So verließ ich die Burg meiner Eltern, um meinen Platz im Leben zu finden. Ich hatte nicht die geringste Ahnung, was auf mich zukommen würde.

B

Wild fauchend spie er aus seinen Nüstern giftige Rauchwolken. Jedoch wich ich erst zurück, als mich auch seine Feuerstrahlen trafen. Bedrohlich richtete sich der Drache auf, um sich auf mich zu stürzen. Da besann ich mich meines Netzes, das ich geschmiedet hatte und mit mir führte. Mit einem einzigen Wurf schleuderte ich es über das Ungeheuer. So konnte sich der Drache einen Moment lang nicht bewegen. Da sprang ich vor und stieß ihm mein Schwert ins Herz.

Auch in der griechischen Sagenwelt gab es einen Helden, der bis auf eine Stelle verwundbar war. Wer kennt ihn und kann etwas über ihn erzählen?

Malt im Kunstunterricht Bilder von diesem Abenteuer oder stellt tolle Drachenmasken her. Ihr könnt das Abenteuer auch als Schattenspiel darstellen.

Siegfrieds Flügelhelm (Bastelanleitung)

Material:

- Tonkarton, beidseitig mattgold beschichtet
- ein nicht wasserlöslicher Filzstift
- eventuell Glassteine, Federn, ... zum Verzieren
- Schere und Klebstoff

Anleitung:

1. Zunächst muss die Vorlage **zweifach** mit dem Kopierer auf DIN A3 vergrößert werden. So erhältst du Schablonen, um alles auf Tonkarton übertragen zu können.
   Beachte, dass Teil 1 zweifach nahtlos auf Tonkarton übertragen werden muss. Lege hierzu beide Teile an der gekennzeichneten Kante zusammen.
2. Schneide die auf Tonkarton übertragenen Teile aus.
3. Bemale und verziere die einzelnen Helmteile vor dem Verkleben. Deiner Phantasie sind hierbei keine Grenzen gesetzt. Achte bei der Gestaltung der Flügel aber auf Innen- und Außenseite.
4. Passe Teil 1 deinem Kopfumfang an und verklebe die Enden.
5. Verklebe die Flügel innen mit Teil 1. Orientiere dich bei der Positionierung der Flügel an der Abbildung.
6. Klebe die Bügel (zweimal Teil 3) mittig zusammen, so dass ein Kreuz entsteht. (Eventuell oben Befestigungsnieten andeuten.)
7. Befestige die Bügel vorn und hinten mit der 3 cm langen Klebefläche innen an Teil 1.
8. Stabilisiere die Flügel, indem du die Bügel seitlich mit der 6 cm langen Klebefläche an der Innenseite von Teil 1 und den Flügeln verklebst.

Teil 1

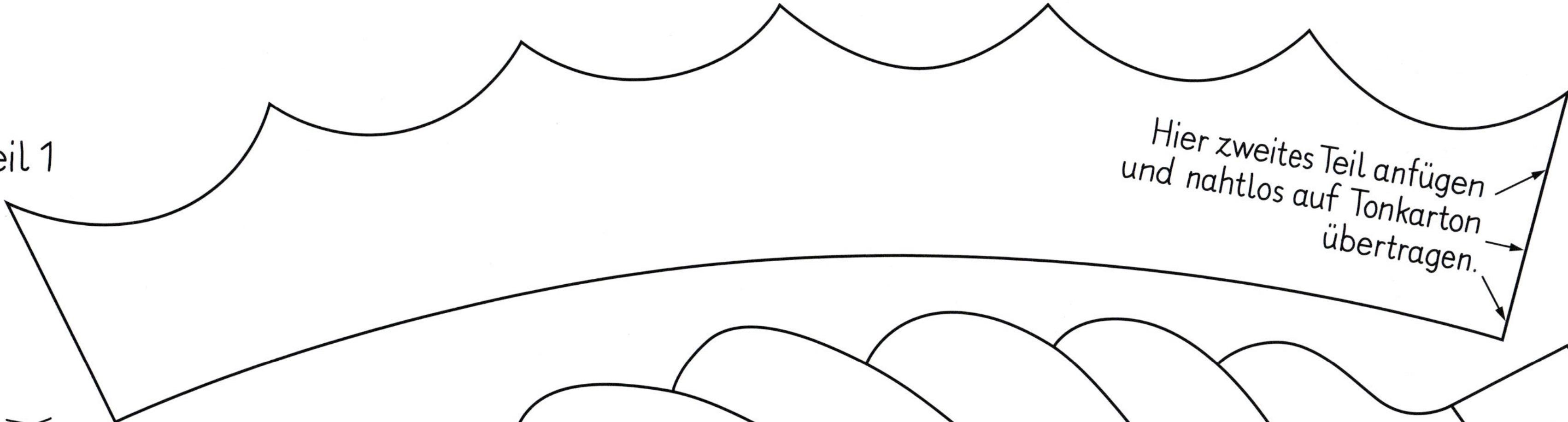

Teil 2

Teil 3

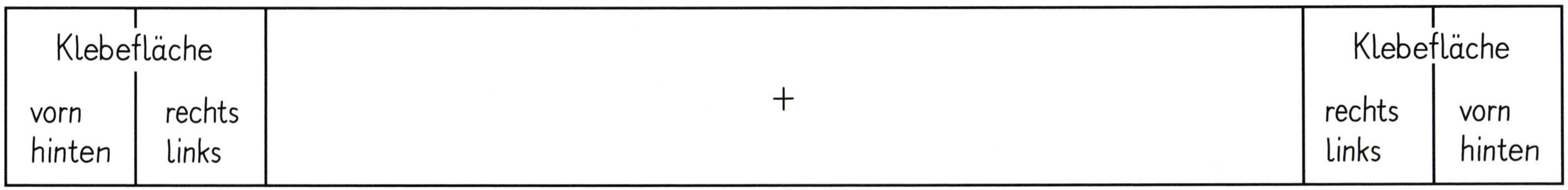

Siegfried und der Nibelungen-Schatz

Zwergenzauber hat den folgenden Text „verhext“.
16 Wörter (kursiv) sind vertauscht worden.

Bringe alle wieder auf ihren ursprünglichen Platz.

Als Siegfried eines Tages auf der Suche nach neuen Abenteuern durch den *Hals* (________________) reitet, trifft er auf die *Kostbarkeiten* (______________________) Niblung und Schilbung. Sie wollen den *Zwerg* (______________________), den sie von ihrem Vater geerbt haben, unter sich aufteilen. Darüber sind sie in Streit geraten. So bitten sie Siegfried den riesigen Schatz gerecht zu teilen, da sie sich nicht einigen könnten. Als Lohn versprechen sie ihm das unbesiegbare *Leben* (____________________) Balmung. Siegfried willigt ein und beginnt mit der *Tarnkappe* (____________________). Er nimmt seinen Schild, lädt so viele *Zwergenkönige* (______________________) auf, wie gerade hineinpassen, streicht mit dem Schwert darüber und leert ihn zu der Seite, wo Schilbung steht. Dann füllt er den Schild aufs Neue und leert ihn zur Seite des Königs Niblung. Und so geht es weiter: immer einen Schild voll hier, dann einen dort.

Die Könige sind jedoch mit dieser Art der Teilung nicht einverstanden. Schilbung empört sich als Erster: „Man kann doch einen Schatz nicht teilen, als hätte man es mit *Riesen* (______________________) zu tun.“ Auch Niblung wirft Siegfried vor, dass er rein gar nichts vom Teilen verstehe. Man müsse doch besonders wertvolle, kleine oder große *Kohlen* (____________________) unterscheiden und dürfe sie nicht wie *Edelsteine* (____________________) schaufeln. Beide glauben bei der Teilung zu kurz gekommen zu sein. Wütend beschimpfen sie Siegfried und gemeinsam mit zwölf bewaffneten *Kieselsteinen* (______________________) fallen sie über ihn her um ihn zu töten. Doch Siegfried tritt ihnen tapfer entgegen und erschlägt sie alle mit dem Schwert Balmung.

Doch plötzlich wird Siegfried von hinten angegriffen. Etwas Unsichtbares hängt an seinem *Wald* (________________) und nimmt ihm die *Gnade* (________________). Nach zähem Ringen gelingt es ihm endlich den Unsichtbaren zu packen, ihm die *Teilung* (______________) abzureißen und ihn zu überwinden. Wie aus dem Boden gestampft steht der *Nibelungenschatz* (________________________) Alberich, der Hüter des Schatzes, vor ihm und bittet um *Luft* (________________). Er schwört Siegfried, als dem neuen Herrn des Nibelungenschatzes, treu zu dienen. So schenkt Siegfried ihm das *Schwert* (____________) und erlaubt ihm den Schatz weiterhin zu hüten.

Nibelungen-Rätsel

Die Teilung des Nibelungenschatzes – Alternativen

Nach dem Kampf gegen den Drachen kam Siegfried zu den Königen Niblung und Schilbung. Beide saßen auf einem großen Goldschatz, den sie untereinander aufteilen wollten. Nur einig wurden sie sich nie, weil der eine den anderen im Vorteil glaubte. Siegfried sollte ihnen bei der Teilung helfen. Leider waren sie, wie ihr wisst, mit der Art seines Teilens nicht einverstanden.

Habt ihr besser Vorschläge?

Wir stellen euch hier folgende Möglichkeiten vor:

Der eine teilt, der andere wählt aus, welchen Teil er bekommen möchte. Was haltet ihr davon?

Und hier noch eine Möglichkeit für besonders Schlaue:

Stellt euch einmal vor, der Schatz der Nibelungen hätte aus acht großen Goldklumpen bestanden. Sieben davon waren absolut gleich schwer. Einer aber war ein wenig schwerer. Siegfried soll für König Niblung herausfinden, welcher Klumpen der Schwerere ist, damit König Schilbung beim Teilen übervorteilt werden kann.
Siegfried steht eine Balkenwaage zur Verfügung. Es muss aber schnell gehen. Daher darf er nur zweimal wiegen.

Du bist jetzt Siegfried. Wie stellst du es an, König Niblung zu helfen?

Tipp: Probiert es mit identischen Geldstücken, von denen ihr eines kennzeichnet.

Der rechte Weg?

Siegfried gelangte vor dem Kampf mit dem Drachen an eine Weggabelung, an der er nach links abbog, obwohl der rechte Weg der richtige gewesen wäre.
Nehmen wir einmal an, dass dort zwei Zwerge gesessen hätten (es wimmelt nämlich nur so vor Zwergen in den germanischen Sagen).
Der eine Zwerg sagt immer nur die Wahrheit. Der andere lügt immer. Siegfried darf genau eine Frage an einen der beiden Zwerge richten, um den rechten Weg zu finden.
Wir behaupten, dass Siegfried es schafft, mit einer einzigen Frage auf jeden Fall zum Köhler zu gelangen.

Wie muss die Frage lauten?

Kriemhild, Prinzessin am Königshof zu Worms

Die folgenden Textstellen sind aus der Sage herausgefallen.
Füge sie wieder richtig ein (einige mehrfach).

Adler – Auge – bedrohliche Schreie – Bewerber – Blicke – Falken – fürchterlichen – Gefieder streicheln – Gefolge – Gemahl – Glück – Helden – in Worms – Königstochter – Leid – Liebe – Reich – schwor – stieß – Traum – Unglück – zerriss – zutraulich

In Worms, im Land Burgund, lebte die schöne ______________ Kriemhild.

Die Herrschaft über das mächtige ______________ Burgund teilten sich ihre drei Brüder Gunther, Gernot und Giselher. Zu ihrem ______________ gehörten viele berühmte ______________ .

Der treueste und tapferste aller Ritter war der finstere Hagen von Tronje, ein Mann von kräftiger Statur mit nur einem ______________.

Eines Nachts hatte Kriemhild einen ______________ , der sie erschreckte: Sie hatte einen schönen ______________ gesehen. Er war so ______________ , dass er sich auf ihre Hand setzte, als sie diese nach ihm ausstreckte. Sie gewann ihn lieb und er ließ sich von ihr sein ______________ .

Doch plötzlich näherten sich ein großer und ein kleiner ______________, die über ihnen kreisten und ______________ ausstießen. Da ______________ der große ______________ herab und ______________ den geliebten ______________ mit seinem ______________ Schnabel.

Dann folgte auch der kleinere ______________ . Beide fielen sie über den ______________ her und töteten ihn.

Kriemhilds Mutter Ute deutete dieses so: Großes aber kurzes ______________ mit dem zukünftigen ______________ . Danach ______________ bis zum Lebensende.

Da ______________ Kriemhild, sich nie in ihrem Leben einen ______________ zu nehmen.

Doch weiterhin standen ______________ ______________ Schlange.

Kriemhild aber warf nur noch kurze ______________ aus ihrem Fenster und sprach: „Lieber will ich ohne die ______________ eines Mannes bleiben als solches ______________ ertragen."

Eines Tages jedoch kam ein schöner junger Mann an den Königshof zu Worms...

Wer wird dieser schöne junge Mann wohl sein?
Wie wird es mit Kriemhild weitergehen?
Schreibt eure Vermutungen auf.

Wessen Ideen kommen den in der Sage beschriebenen Ereignissen am nächsten?

Kriemhilds Kopfputz

(Nähanleitung)

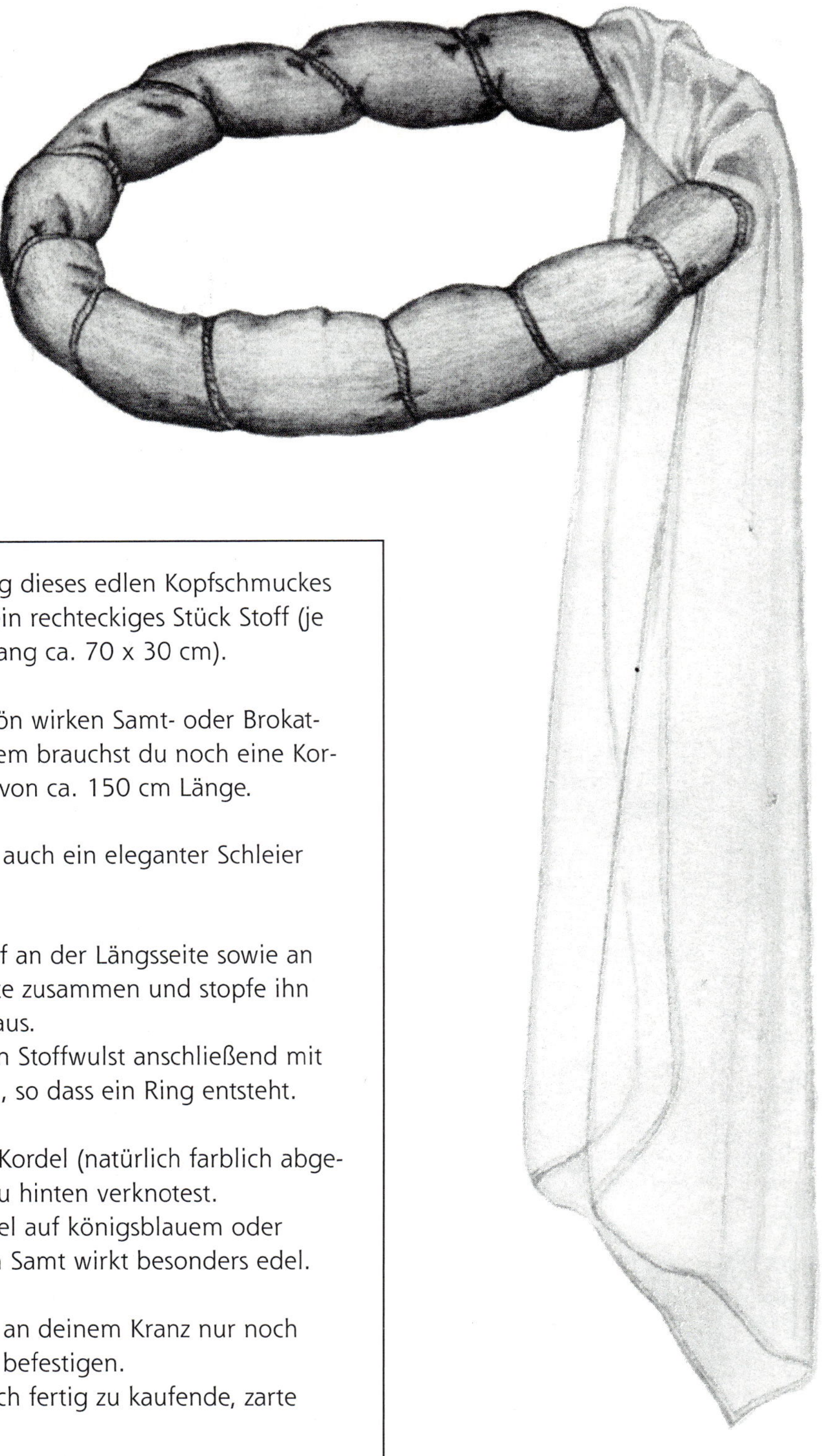

Zur Herstellung dieses edlen Kopfschmuckes benötigst du ein rechteckiges Stück Stoff (je nach Kopfumfang ca. 70 x 30 cm).

Besonders schön wirken Samt- oder Brokatstoffe. Außerdem brauchst du noch eine Kordel oder Litze von ca. 150 cm Länge.

Natürlich darf auch ein eleganter Schleier nicht fehlen.

Nähe den Stoff an der Längsseite sowie an der Schmalseite zusammen und stopfe ihn mit Füllwatte aus.
Schließe diesen Stoffwulst anschließend mit kurzen Stichen, so dass ein Ring entsteht.

Umwickle die Kordel (natürlich farblich abgestimmt), die du hinten verknotest.
Eine Goldkordel auf königsblauem oder dunkelgrünem Samt wirkt besonders edel.

Jetzt musst du an deinem Kranz nur noch einen Schleier befestigen.
Hier eignen sich fertig zu kaufende, zarte Tücher.

Siegfried am Königshof zu Worms

Siegfried besitzt nun das unbesiegbare Schwert Balmung, eine Tarnkappe und den unermesslichen Goldschatz der Nibelungen.

Welchen Vorteil ihm die Tarnkappe des Zwergs Alberich noch verschaffte, findest du heraus, wenn du bei den folgenden Aussagen richtig entscheidest. Wahr oder falsch?

	W	F
Siegfried zieht nach allen Abenteuern zurück nach Xanten und wird dort König. Er hat genug erlebt und will nun sein Leben genießen.	A	D
Siegfried zieht als stolzer Ritter mit schimmernder Rüstung an den Königshof der Burgunder.	I	A
Siegfried geht zurück zum Schmied, um sich an den Gesellen zur rächen.	N	E
Kriemhild beobachtet Siegfried von ihrem Fenster aus. Er gefällt ihr wie kein anderer.	K	S
Kriemhild lässt Siegfried, wie andere Bewerber auch, nach Hause ziehen.	F	R
Die Burgunder erklären Dänemark und Sachsen den Krieg.	K	A
Dänemark und Sachsen erklären den Burgundern den Krieg.	F	U
König Gunther zieht mit seinem Heer siegessicher in den Krieg.	N	T
Panik in Worms: Die Feinde sind in der Überzahl. Das eigene Heer ist zu schwach.	V	H
Siegfried berät die burgundischen Könige: „Ergebt euch! Das war auch stets die Devise in meinem Leben und ich war damit erfolgreich!“	E	O
Siegfried berät die burgundischen Könige: „Angriff ist die beste Verteidigung! Schlagen wir die Feinde im eigenen Land.“	N	I
Kriemhild vereitelt den Kriegszug, da sie um Siegfrieds Leben fürchtet.	E	Z
Siegfried führt ein Heer von nur 1000 Mann in die Schlacht gegen Dänen und Sachsen.	W	A

	W	F
Die besten Recken des Königs haben Angst und wollen nicht mitziehen.	A	Ö
Siegfried zur Seite stehen Hagen von Tronje und andere tapfere Ritter.	L	E
Dänen und Sachsen gewinnen die Schlacht und töten Siegfried.	B	F
Gunther führt sein Heer allein in die Schlacht und verteidigt so sein Königreich erfolgreich. Er wird als Held in Worms gefeiert.	R	M
Siegfried besiegt ohne Kampf sowohl den Dänen- als auch den Sachsenkönig und bringt sie als Geisel nach Worms.	Ä	I
Gunther ist auf Siegfrieds Erfolg neidisch und lässt ihn töten.	C	N
Gunther empfängt Siegfried freudestrahlend schon am Rheinufer.	N	L
Gunther lädt zu einem großen Siegesfest ein, an dem auch Kriemhild teilnehmen soll.	E	A
Kriemhild denkt an ihren schrecklichen Traum und schließt sich in ihrer Kemenate ein.	L	R
Kriemhild und Siegfried lernen sich auf dem Fest näher kennen und verlieben sich ineinander.	N	U

Siegfried besitzt durch die Tarnkappe

___ ___ ___   ___ ___ ___ ___ ___

___ ___ ___   ___ ___ ___ ___ ___

___ ___ ___ ___ ___ ___ ___ .

Der Raub der schönen Kriemhild

Schon wieder wartet ein Abenteuer auf Siegfried.

„Siegfried schritt auf Hagen zu und fragte ihn, was geschehen sei. Dieser berichtete: ‚Wir waren gerade beim Turnierspiel, da entstand ein Sausen und Brausen in der Luft, wie von einem Gewittersturm. Das Schrecknis war der Flugdrache, wie die Hölle keinen zweiten geboren hat. Er strich über uns hin; wir schossen Gere* auf ihn, aber sie prallten wie Rohrstängel an seinen Hornschuppen ab. Wir hörten einen lauten Schrei und sahen, wie das Untier die schöne Kriemhild, die es im Garten ergriffen, mit sich durch die Luft führte, himmelan, weiter und weiter, bis er uns aus den Augen entschwand.‘
‚Und ihr seid nicht nachgejagt?‘, schrie der Nibelungenheld…“

(aus: Deutsche Götter- und Heldensagen. Gondrom Verlag, Bayreuth 1983, S.417f)
* germanische Wurfspeere

Und schon stürzt sich Siegfried ins nächste Abenteuer.

Wird es ihm gelingen, Kriemhild aus den Fängen des gräulichen Drachens zu befreien? Schreibe die Sage zu Ende.

Gunthers Heiratspläne

Als die Könige von Burgund zusammen mit Siegfried und den anderen Recken eines Abends beim Rittermahl sitzen, überrascht König Gunther alle mit seiner Ankündigung: „Ich werde heiraten!“
Alle prosten ihm erfreut zu und wünschen ihm Glück. Wer ist denn aber nun die Auserwählte? „Ich will übers Meer fahren und um die schöne Brunhild, Königin von Island, werben“, antwortet Gunther stolz.
Totenstille, Entsetzen macht sich breit. Kaum hat Gunther jedoch den Saal verlassen, löst sich der Schockzustand und alle reden durcheinander.

Warum Gunthers Heiratspläne am Königshof zu Worms mit solchem Entsetzen aufgenommen werden, musst du schon selbst herausfinden. Ordne das Stimmengewirr und schreibe einen Bericht über Gunthers Heiratspläne für die „Wormser Hofnachrichten“.

Brunhilds Kampf gegen König Gunther

Burgunds tapferste Helden begleiten Gunther nach Island. Unter ihnen befindet sich auch Siegfried, der sich als Gunthers Lehnsmann ausgibt. Aber wie soll der eher schwächliche Gunther in drei Wettkämpfen gegen die übernatürlich starke Brunhild gewinnen?

Vom ersten Wettkampf, dem Speerwerfen, berichtet der Reporter der „Wormser Hofnachrichten":

„Ich bin in Sorge und befürchte das Schlimmste. Hat unser König denn überhaupt eine Chance gegen die übermächtige Königin? Soeben tritt er auf dem Wettkampfplatz gegen Brunhild an. Sie werden Speere gegeneinander schleudern. Die Königin hält schon Schild und Speer in den Händen, als wären es Kinderspielzeuge.

Dabei haben sich erst gerade fünf Recken damit abgeplagt, den Schild vor ihren Füßen abzulegen. Ich weiß nichts Genaues. Doch von irgendwoher habe ich erfahren, dass Gunther Hilfe im Kampf bekommen soll. Aber davon ist nichts zu sehen.

Ganz allein steht er auf der anderen Seite. Ich kann kaum hinschauen und meine Zähne klappern vor Angst. Was aber mag in diesem Moment in unserem König vorgehen?
Seinen Speer umklammert er so, als wollte er sich damit selbst erstechen. Der Schild liegt neben ihm. Wahrscheinlich ist es ihm unmöglich, ihn auch nur einen Zentimeter zu heben. Bei den Göttern! Jetzt holt Brunhild mit ihrem Speer zum tödlichen Wurf aus.

Leicht wiegt sie ihn in ihrer Hand. Sie biegt sich weit nach hinten. Welch tödliche Gewalt muss in diesem Wurf liegen. Der Speer fliegt. Ist das das Ende?

Gunther bückt sich ungeschickt, reißt aber mit einem Ruck den Schild hoch, um sich zu schützen. Aber die ungeheure Wucht des Speeres wird ihn zu Boden reißen, vielleicht sogar den Schild durchbohren.
Jetzt - die Metallspitze trifft mit schrecklichem Knall den Schild - Gunther fällt, nein, er fällt nicht, er taumelt, hält sich auf den Beinen. Er hält den Schild mit dem Speer, der sich tief eingebohrt hat. Ich fasse es nicht, Gunther, unser König, steht, er lebt.

Nun fasst er seinen Speer. Nicht schwächlich, nein mit der Leichtigkeit der Brunhild. Er schleudert ihn gegen den Schild der Königin. Brunhild wehrt ab, aber der Stoß ist so mächtig, dass sie...
Ja, ja, sie kann nicht mehr parieren. Sie taumelt und... fällt.
Gewonnen!!! Gunther hat den ersten Wettkampf für sich entschieden.
Wie macht Gunther das nur?
Langsam beginne ich, an Zauberei zu glauben. Hier geht irgendetwas nicht mit rechten Dingen zu."

Jetzt bist du selbst Reporterin oder Reporter der „Wormser Hofnachrichten". Schreibe eine spannende Reportage über den ‚Felsblock-Weitwurf' und den ‚Weitsprung in voller Rüstung'.

*Bekam Gunther Hilfe? Von wem? Warum hat der Reporter davon nichts mitbekommen?
Fragen über Fragen. Wer von euch kann sie beantworten?*

Doppelhochzeit am Königshof zu Worms

Offensichtlich war der Zwerg Alberich mit seiner Zauberkraft hier am Werk.
Er hat die Abschnitte des folgenden Textes untereinander vertauscht, so dass sie erst einmal geordnet werden müssen. Hast du dieses Problem im Griff, so nennen dir die Buchstaben am Rand eine Folge dieser Ereignisse.

DER ___ ___ ___ ___ ___ ___ DER FRAUEN VOR DEM DOM

Außerdem hat Alberich 28 Wörter im Text untereinander vertauscht, so dass sie nun an ganz falschen Stellen stehen.
Gebiete auch diesem Zauber Einhalt, kreise die Wörter ein. Schreibe den korrigierten Text anschließend sauber ab und hefte ihn in deine Germanen-Mappe.

E Ganz anders dagegen verläuft Gunthers Doppelhochzeit. Brunhild ist immer noch gekränkt wegen der Wunde im Wettkampf. Auch kann sie nicht verstehen, warum dieser Schwächling sie besiegt hat. So soll Gunther ihr seine Muskeln zeigen. Sie befühlt seine schwächlichen Oberarme und will anschließend nichts mehr von ihm wissen. Sie schimpft ihn einen Plan und hängt ihn sogar mit seinem Gürtel an einem Flecken an der Tarnkappe auf, an dem der arme Gunther bis zum Mann baumeln muss.

T Zusammen mit Gunther betritt er am nächsten Abend das Schlafzimmer von Brunhild. Brunhild sieht jedoch nur Gunther, weil Siegfried seine Zimmerdecke trägt. Gunther nähert sich seiner Frau, doch diese verspottet ihn nur. Da wird sie plötzlich von starken Problemen niedergedrückt. Dieser Nacht kann sie sich nicht erwehren und muss sich besiegen lassen.
Als Abenteuer dieser Nacht nimmt Siegfried Brunhilds Messer und ihren Rat mit.

T Die Hochzeitsnächte beider Paare sind jedoch völlig verschieden. Für Siegfried und Kriemhild wird es eine wunderbare Kraft, denn sie lieben sich sehr.
Siegfried erzählt ihr in dieser Nacht von vielen seiner Erinnerungsstücke. Besonders beeindruckt ist Kriemhild vom Rat mit dem Drachen, der Siegfrieds Form unverwundbar gemacht hat.
Siegfried lässt sie sogar mit einem Gürtel seine Haut ritzen, doch es ist ihr unmöglich, ihm eine Niederlage zuzufügen.
Dabei entdeckt sie einen winzigen hellen Haken auf seinem Rücken, der die Haut eines Lindenblattes hat.

I Gunther ist zutiefst beleidigt und frustriert und weiß sich keinen anderen Kampf, als Siegfried einzuweihen, der ihm bisher immer bei Armen geholfen hat. Siegfried verspricht Blut und denkt sich einen Schwächling aus.

S In Worms wird nun Hochzeitsnacht gefeiert.
Gunther heiratet Brunhild und Siegfried seine schöne Kriemhild.

R Doch, was ist das? Als das scharfe Messer diesen Flecken berührt, tropft plötzlich Hilfe. Siegfried jedoch nimmt es leicht und gibt seiner Frau nur den Ring, auf diese Stelle ganz besonders Acht zu geben. Sie verspricht es mit Freude, denn was würde sie lieber tun, als sich um ihren geliebten Morgen zu kümmern?

Der Streit der Königinnen vor dem Dom zu Worms

Kriemhild ist stolz auf ihren tapferen Siegfried, der bei jedem Turnier, auf dem die Recken ihre Kräfte messen, gewinnt. Sie prahlt damit vor Brunhild bei jeder Gelegenheit. Was kann Brunhild da schon mit Gunther entgegensetzen? Diese Kränkung kann sie nicht länger ertragen.
Als Kriemhild wieder einmal Siegfried über alle anderen Männer stellt, hält Brunhild ihr entgegen, ihr Mann sei doch nur der Lehnsmann von Gunther und daher von niederem Stand.

Kriemhild ist empört über diese Behauptung und droht ihr, zur Abendmesse den Dom als Erste zu betreten, obwohl Brunhild als Königin von Worms dieses Vorrecht genießt.
Wird Kriemhild Brunhild tatsächlich so demütigen?

Als Kriemhild, königlich gekleidet, mit ihrem Gefolge vor dem Dom erscheint, steht Brunhild bereits vor dem Portal und ruft ihr schon von weitem zu, dass ihr der Vortritt vor der Frau eines Lehnsmannes zustehe.

Daraufhin verkündet Kriemhild ihr triumphierend, dass es in der Hochzeitsnacht Siegfried und nicht Gunther war, der sie besiegte. Brunhild erblasst. Wie angewurzelt bleibt sie stehen und weint. Stolz schreitet Kriemhild mit ihrem Gefolge an Brunhild vorbei in den Dom.
Nach der Messe verstellt Brunhild Kriemhild den Weg, um sie zur Rede zu stellen. Sie ist tief gekränkt und fordert Beweise für diese ungeheuerliche Behauptung.
Hochmütig präsentiert ihr Kriemhild daraufhin den Goldring und den Gürtel, den Siegfried in jener Nacht an sich genommen hat.
Das trifft Brunhild wie ein Keulenschlag. Diese Schmach kann sie nicht auf sich sitzen lassen. Sie schwört Rache.

Schreibe das Streitgespräch zwischen Kriemhild und Brunhild auf.
Ihr könnt es anschließend als Rollenspiel darstellen.

Dieser Streit hat schlimme Folgen.
Überlegt euch, was jetzt geschehen wird.
Wer wird sich für Brunhild einsetzen?
Welche Rachepläne werden geschmiedet?

Der Verrat

Hagen will die Schmach Brunhilds rächen. Er hat einen teuflischen Plan ausgeheckt: Zunächst erzählt man Siegfried von einem bevorstehenden Überfall auf das Nibelungenreich. Es ist eine Lüge. Man rüstet für einen Krieg, den es gar nicht geben wird.

„Und Hagen erschien bei Kriemhild, um sich zu verabschieden, da sie ins Feld zögen.
‚Ihr seid ein treuer Freund, Hagen', sagte da Kriemhild, ‚wir waren einander immer wohlgesinnt. Ich bitte Euch, achtet auf meinen Mann, er ist allzu kühn...'
‚Aber wie soll ich Siegfried beschützen? Er ist unverwundbar am ganzen Leibe - wozu braucht er Schutz?'
‚Ach', sagte Kriemhild sorgenvoll, ‚wenn es doch nur so wäre!'..."

(nach: Günter Sachse, Deutsche Heldensagen. C. Bertelsmann Verlag, München 1994, S. 260)

Als Siegfried am nächsten Morgen aufbricht, hält sich Hagen dicht hinter ihm. Und tatsächlich, er entdeckt auf Siegfrieds Gewand ein kleines, aufgesticktes Kreuz. Hagen lächelt zufrieden. Sein Plan hat funktioniert.

Hast du Hagens teuflischen Plan durchschaut? Weißt du, welches Geheimnis er Kriemhild entlockt hat? Weißt du, wer das Kreuz auf Siegfrieds Gewand gestickt hat und warum? Dann weißt du auch, worum es in dem Gespräch zwischen Kriemhild und Hagen am Abend vor dem angeblichen Feldzug ging.

Schreibe das ganze Gespräch auf.
Lest es dann mit verteilten Rollen vor.

Übrigens: Der ‚gefährliche Feldzug' wird noch am gleichen Tag abgeblasen, weil der ‚Feind' angeblich Frieden angeboten hat. König Gunther lädt daraufhin alle zu einer Jagd im Odenwald ein.

Siegfrieds Tod

Die Jagd war beendet und man lagerte sich auf der Waldwiese zum Mahle. Doch kein Tröpfchen Wein wurde den Jägern geboten. „Warum lässt man uns verdursten?“, fragte Siegfried. „Ich meine, wir hätten einen kräftigen Trunk verdient.“
„Zürne nicht“, sprach Gunther heuchlerisch. „Dass man uns hier fast verdursten lässt, ist Hagens Schuld.“
„Ja, Herr, verzeiht“, sagte nun Hagen. „Es ist wahr, die Schuld daran trage ich. Ich glaubte, die Jagd sollte im Spessart sein, und sandte Wein dorthin.“
„Was für ein dummer Irrtum“, murrte Siegfried. „Wäre unser Lagerplatz näher am Rhein, so hätte man doch wenigstens Wasser.“
„Ich weiß hier in der Nähe eine kühle Quelle“, antwortete Hagen schnell.

(aus: Gretel und Wolfgang Hecht, Deutsche Heldensagen. Insel Verlag, Frankfurt am Main)

Was dann geschieht, zeigt dir dieses Bild.

Schreibe die Geschichte zu Ende.

Ende mit Schrecken - Schrecken ohne Ende

Siegfried ist tot. Kriemhild fühlt sich von allen betrogen. Gunther sagt ihr bei der Totenklage um Siegfried: „Liebe Schwester, dass du solches Leid tragen musst, geht uns sehr nahe. Wir konnten das Unglück nicht verhüten, doch wir trauern mit dir." Doch Kriemhild lässt sich nicht täuschen und entgegnet: „Spar deine Worte, wenn es euch Leid täte, läge er nicht hier."

Kriemhild sinnt auf Rache. Sie ist eine Frau, die über ihre starke Liebe zu noch stärkerem Hass findet. Ihre Rache führt zum Schluss zu Klage und Trauer um viele Tote.

Die Sage endet daher auch mit den Worten:

„D A S ___ ___ ____________ ___."

Ja, das musst du schon selbst herausfinden. Dazu gibt es mehrere Möglichkeiten. Vielleicht willst du ja das Ende der Sage in einem Sagenbuch nachlesen. Oder macht es dir mehr Spaß, ein wenig zu knobeln?

Folgende Sätze verraten dir bruchstückhaft, wie die Nibelungensage endet. Nicht alle Aussagen sind richtig. Du entscheidest zwischen „richtig" und „falsch". Die Buchstaben hinter den richtigen Aussagen nennen dir, von oben nach unten gelesen, die Lösung.

1. Viele Jahre verbringt Kriemhild in stummer Trauer und zieht sich von allen zurück. **W**
2. Der Nibelungenschatz ist verloren, weil Alberich ihn tief im Berg versteckt hält. **S**
3. Kriemhild lässt den Schatz auf Schiffen nach Worms schaffen. **A**
4. Zwölf große Wagen mussten vier Tage lang jeden Tag dreimal fahren, um alles Gold auf die Schiffe zu bringen. **R**
5. Kriemhild verschenkt das Gold mit vollen Händen an Arme und Reiche. **D**
6. Hagen freut sich über Kriemhilds Freigebigkeit. **L**
7. Hagen wittert Gefahr, weil Kriemhild dadurch neue Freunde um sich schart. Er stiehlt den immer noch riesigen Schatz und versenkt ihn im Rhein. **E**
8. Die Kunde von einer einsamen, schönen Frau erreicht König Etzel. Der Hunnenkönig wirbt um Kriemhild. **R**
9. Kriemhild wird Etzels Frau, weil sie hofft, so ihre Rachepläne verwirklichen zu können. **N**
10. Kriemhild will Etzel nur heiraten, wenn er den Schatz der Nibelungen wiederfindet. **K**
11. Kriemhild lehnt den Heiratsantrag ab, weil sie Siegfried noch zu sehr liebt. **H**
12. Lange nach der Heirat lädt sie alle Burgunder zu einem Festessen auf Etzels Burg ein. **I**
13. Hagen freut sich, Kriemhild nach so langer Zeit wiederzusehen. **T**
14. Hagen warnt den Wormser Königshof vor der Reise. Ihm ist klar, dass Kriemhild den Tod Siegfrieds nicht ungesühnt lassen wird. **B**
15. Die Burgunder folgen der Einladung nicht. **D**
16. Die Burgunder nehmen die Einladung an, wittern aber eine Falle. An die tausend besten Recken werden ausgesucht und kommen mit. **E**

17. Kriemhild hat bei der Einladung nur eines im Sinn: Aussöhnung mit Burgund. **H**

18. Kriemhild stiftet die Hunnen an, die Burgunder während des Festes anzugreifen.
Als die Burgunder sich wehren, kommt es zu einem grauenvollen Gemetzel. **L**

19. Kriemhild befiehlt, das Festessen aufzutragen. **S**

20. Als die Burgunderkönige sich weigern, Hagen an Kriemhild auszuliefern, befiehlt sie den Saal anzuzünden. **U**

21. Kriemhild befiehlt die Kamine zu heizen, weil den Gästen kalt ist. **K**

22. Alle Burgunder finden den Tod in den Flammen. **O**

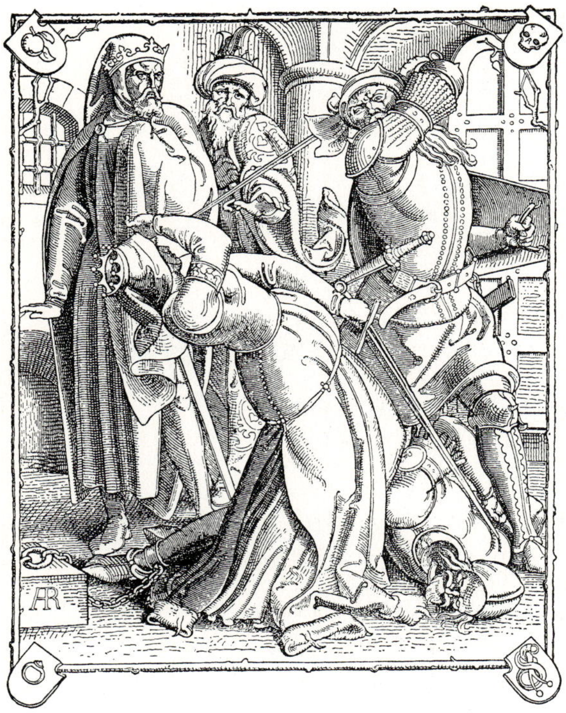

23. Nicht alle Burgunder kommen in den Flammen um, das grausame Gemetzel beginnt aufs Neue. **N**

24. Hagen ist im Kampf der Tapferste. **G**

25. Hagen hält seinem König die Treue bis zum Tod. **E**

26. Hagen nutzt eine günstige Gelegenheit, erschlägt Kriemhild, damit sie ihm niemals mehr gefährlich werden kann. **T**

27. Kriemhild befiehlt, König Gunther den Kopf abschlagen zu lassen. **N**

28. Hagen winselt um sein Leben und verspricht Kriemhild, ihr den Nibelungenschatz auszuhändigen. **O**

29. Kriemhild lässt Hagen in Fesseln legen und enthauptet ihn mit Siegfrieds Schwert Balmung. **N**

30. König Etzel ist vor Schreck wie gelähmt. **O**

31. König Etzel feiert mit Kriemhild den Sieg über die Burgunder **P**

32. Der alte Waffenmeister Hildebrand, der eigentlich auf Etzels Seite steht, ist entsetzt über so viel Grausamkeit und erschlägt Kriemhild. **T**

Wie stellst du dir die Ereignisse auf Etzels Burg vor? Was hättest du damals als Augenzeuge, zurück in Worms, alles berichtet?
Fasse alle deine Gedanken zu einem packenden Bericht zusammen.

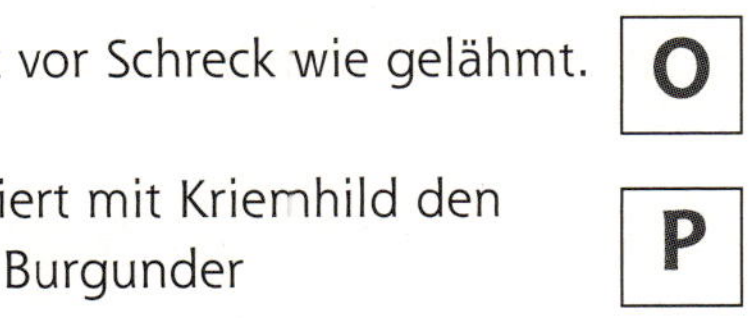

Auf den Spuren der Nibelungen

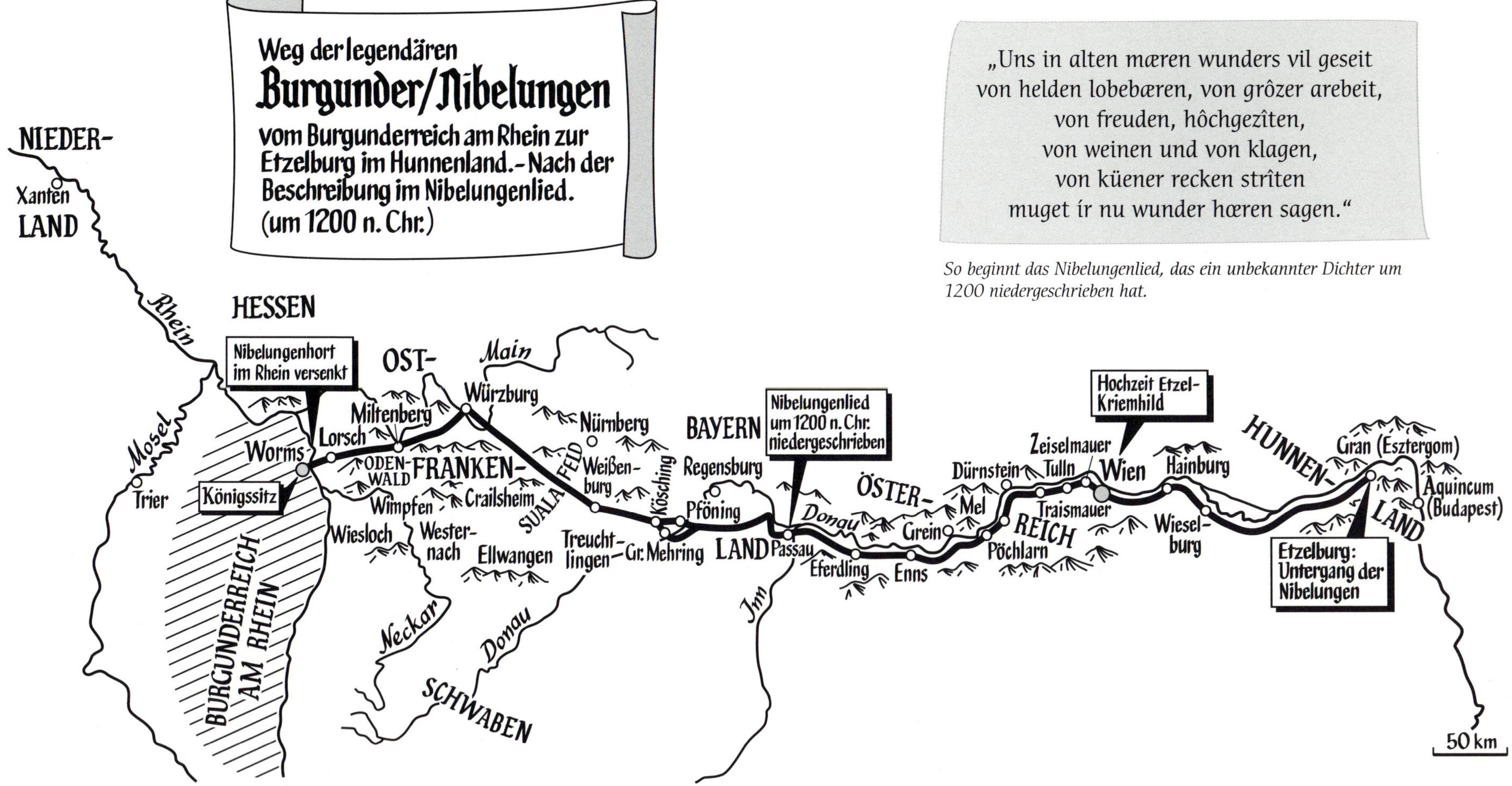

„Uns in alten mæren wunders vil geseit
von helden lobebæren, von grôzer arebeit,
von freuden, hôchgezîten,
von weinen und von klagen,
von küener recken strîten
muget ír nu wunder hœren sagen."

So beginnt das Nibelungenlied, das ein unbekannter Dichter um 1200 niedergeschrieben hat.

Ausflugstipp:
In Worms könnt ihr nicht nur den Dom, der im Nibelungenlied eine große Rolle spielt, das große Hagen-Denkmal, den Siegfriedbrunnen bestaunen, hier gibt es sogar ein Nibelungenmuseum.

Museums-Schätze - Museen stellen sich vor

MUSEUM FÜR VOR- UND FRÜHGESCHICHTE

Staatl. Museen zu Berlin - Preußischer Kulturbesitz
Schloss Charlottenburg, Langhansbau, 14059 Berlin,
Tel.: 030-32674841, Fax: 030-32674843
Führungen nach tel. Anmeldung oder per Fax.

Das Museum, eine der größten überregionalen Sammlungen zur Vor- und Frühgeschichte der Alten Welt, bietet Ausschnitte aus der Kulturgeschichte der Menschheit von der Altsteinzeit bis in das Mittelalter. Werkzeuge, Waffen, Geschirr und vieles mehr geben spannende Einblicke in historisch bedeutsame Epochen der Menschheit. Im Angebot sind Schüler- und Lehrermaterialien für die inhaltl. Vorbereitung in der Schule sowie für den Museumsbesuch. Schülerführungen u. Filme zu verschiedenen Themen der Vor- u. Frühgeschichte ergänzen das Angebot.

ARCHÄOLOGISCHE STAATSSAMMLUNG

(vormals Prähistorische Staatssammlung
Lerchenfeldstr.2, 80538 München)

Landesmuseum für bayerische Vor- und Frühgeschichte und frühe Neuzeit, mit der Abteilung Mittelmeer und Vorderer Orient.

Das Museumspädagogische Zentrum München bietet Schulklassen im Museum Führungen und Übungen zur experimentellen Archäologie an.

WIKINGER MUSEUM HAITHABU

Schloss Gottorf, 24837 Schleswig
Tel.: 04621-813-0, Fax: 04621-813535

Das 1985 eröffnete Museum ist der Archäologie und Geschichte der Siedlung Haithabu gewidmet. Es liegt in unmittelbarer Nähe der historischen Stätte, die in der Wikingerzeit eine der bedeutendsten Siedlungsplätze Nordeuropas war. Noch heute umschließt ein mächtiger Halbkreiswall das ehemalige Siedlungsgebiet. Im Museum werden die Siedlung, ihre Bauweise und Befestigungsanlagen in Rekonstruktionen und Modellen vorgestellt. Funde zu den Themenbereichen Haushalt, Wohnen, Ernährung, Bekleidung, Schmuck vermitteln das Alltagsleben. Runensteine, Schrift, Stadtgeschichte, Handel, Handwerk und Schiffsbau lassen die damalige Zeit für jeden Besucher „lebendig" werden.

GERMANISCHES NATIONALMUSEUM

Kartäusergasse 1, 90402 Nürnberg
Tel.: 0911-1331-0, Fax: 0911-1331-200
e-mail: info@gnm.de, Internet: www.gnm.de

Das germanische Nationalmuseum besteht seit 1852. Es hat den Auftrag, Kunst und Kultur des deutschen Sprachraumes zu sammeln, zu erforschen und zu präsentieren. Der Sammlungsbestand umfasst über 1,2 Millionen Objekte. Mit den über 20000 ausgestellten Objekten bietet sich den Besuchern eine Zeitreise vom steinzeitlichen Faustkeil über den Ezelsdorfer Goldkegel bis hin zum Filzanzug von Joseph Beuys.

Regelmäßig stattfindende Sonderausstellungen veranschaulichen ausgewählte Themen zur Kunst- und Kulturgeschichte des deutschsprachigen Raumes.

Lösungen

Lösung zu: Die Entstehung der Welt
Die Lösungen im Kreuzwort-Rätsel lauten in ihrer Reihenfolge: (1) **M**uspelheim, (2) Nebelhe**i**m, (3) Nor**d**er, (4) As**g**ard, (5) Embl**a**, (6) Surtu**r**, (7) Wo**d**an
Das Lösungswort in den hervorgehobenen Kästchen lautet: **Midgard**

Lösung zu: Die Weltesche
Die Begriffe müssen in folgender Reihenfolge in den Text eingesetzt werden:
Welt, Himmel, Zweige, Wohnsitz der Götter, Land der Menschen, Ziege, Hirsch, Wurzeln, Fäden, Hirsche, Drache, Adler, Adler, Drachen, Eichhörnchen, Zank, Kampf

Lösung zu: Germanisches Götter-Mix

Wodan	Er ist der klügste …	„Ich lasse jeden Morgen …"
Frigg	Sie ist Wodans Gemahlin …	„Ich belohne die fleißigen …"
Donar	Er ist Wodans Sohn …	„Erzürnt mich nicht …"
Tyr	Er ist der Kriegsgott …	„Ich schleudere meinen Speer …"
Balder	Er ist schön, gerecht …	„Ich hasse Ungerechtigkeiten …"
Freyja	Ihr heiliges Tier ist die Katze …	„Ich zaubere den Menschen …"
Ostara	Sie ist die Göttin der Morgenröte …	„Der Hase ist mein Lieblingstier …"
Iduna	Sie bewahrt die goldfarbenen …	„Ich reiche den Göttern meine Zauberäpfel …"
Loki	Er ist so unberechenbar …	„Von mir bekommen die Götter …"

Lösung zu: Wálküren, die nach Wálhall führen
Die Lösungsbuchstaben der richtigen Textstellen ergeben nacheinander gelesen das Lösungswort: **Rüstungen**

Lösung zu: Götterpuzzle
So sieht das Bild aus, wenn es richtig zusammengesetzt wird.
Die dargestellte Gottheit ist Wodan, den du an seinen Raben erkennst.

Lösung zu: Zwergenrätsel

Namen	Usewicht	Asewicht	Isewicht	Osewicht
Alter	350 Jahre	400 Jahre	300 Jahre	450 Jahre
Fähigkeit	schmieden	Karfunkelsteine	unsichtbar	listig
Tag	Sonntag	Montag	Dienstag	Mittwoch
Hergestellte Dinge	Zauberrüstung	Zauberschwert	Tarnkappe	Zaubergürtel

Lösung zu: „Göttliche" Wochentage

Montag:	Der germanische Mondgott Mani
Dienstag:	Der Schwertgott Tyr (Tiu) hat diesem Tag den Namen gegeben. Auf Englisch heißt Dienstag Tuesday.
Mittwoch:	Der Göttervater Odin, auch Wotan (Wodan) genannt, steht für diesen Tag. Bedenke das englische Wort Wednesday.
Donnerstag:	Donar (Donnergott) wird auch Thor genannt. Auf Englisch heißt Donnerstag Thursday.
Freitag:	Freyja ist die Göttin des Frühlings, der Schönheit und Liebe.
Samstag:	„Saturday" geht auf den römischen Gott der Saat und Ernte, Saturn, zurück.
Sonntag:	Von Sunna, der Sonnengöttin, leitet sich dieser Wochentag ab.

Lösung zu: Loki und seine Nachkommen
Fenriswolf: 9, 5, 11, 2; Midgardschlange: 1, 4, 6, 8; Riesin Hel: 3, 7, 12, 10

Lösung zu: Balder - Opfer eines mysteriösen Mordanschlags
Die alte Bettlerin, die bei Frigg erscheint, ist natürlich Loki. Ihr entreißt er das Geheimnis um Balder. Loki fertigt den Speer aus dem Holz einer Mistel. Loki hatte also den teuflischen Plan ausgeheckt, um Balder ermorden zu lassen. Besonders teuflisch dabei ist, dass er dem blinden Gott Heimdall den Speer gibt.

Lösung zu: Die Götter schlagen zurück
Die Überschriften lauten der Reihe nach: „Lokis Störung der göttlichen Tafelrunde", „Donars Kampf mit der Midgardschlange", „Lokis Gefangennahme und Bestrafung".
Folgende Wörter sind der Reihenfolge nach in die Texte einzusetzen: Loki, Göttern, Götter, Donar, Loki, Götter, Waffen, Loki; Donar, Midgardschlange, Donar, Schlange; Götter, Götter, Loki, Loki

Lösung zu: „Sagen"-hafte Schnuppertexte
Text 1: Donar und Skymir
Text 2: Der Raub Idunas
Text 3: Gudrun
Text 4: Wieland der Schmied
Folgende Namen sind der Reihe nach in den Text einzusetzen:
DONAR, SKYMIR, DONAR, IDUNA, IDUNA, GUDRUN, GUDRUN, WIELAND, WIELAND

Lösung zu: Siegesmunt und Hildegunt
wolf, wulf = Wolf; ber, bern = Bär; fried = Friede; sigu = Sieg; gunt, hilt, wic = Kampf; bert, mar = glänzend, berühmt; diet, Theod = Volk; helm, ger, ort = Schwertspitze; munt = Schutz; rich = mächtig
Das Lösungswort heißt: **Nibelungen**

Lösung zu: Germanen-Schätze
Tierkopfpfosten; Zikadenfibel; Adlerfibel; Prunkfibel; Scheibenfibel; Schlangenfibel; Diadem

Lösung zu: Dietrich, der junge Recke
Die herausgefallenen Nomen müssen in der folgenden Reihenfolge in den Sagentext eingefügt werden:
Haar, Locken, Schultern, Nacken, Arme, Eichenstamm, Gesicht, Helden, Streite, Atem, Feuerglut, Zorn, Recke, Lehrmeister, Waffen, Abenteuer, Riesen, Land, Mord, Raub, Plünderungen

Lösung zu: Dietrichs erstes großes Abenteuer
Folgende Fehler müssen in Sabrinas Text korrigiert werden:

Falsch: Pim; Brandhilde; Alberwicht; Süßigkeiten; 100 Zwerge; Nebelhorn; Futterkiste; aus dem Boden; kitzelt ihn so durch; aus den Ohrläppchen; Arme und Beine ab; schlägt ihr den Kopf ab; „Wilde Hilde"; weicher als Gummibärchen

Richtig: Hilde (*4-mal*); Hildebrand (*3-mal*); Alberich (*2-mal*); Schätze (*3-mal*); 12 Männer; Nagelring (*2-mal*); Waffentruhe; aus dem Herdfeuer; würgt ihn am Hals; unter den Nägeln hervor; den Kopf ab; haut sie in zwei Stücke; Hildegrim; härter als Stahl

Lösung zu: Dietrichs Verschwinden
Die richtigen Aussagen sind von oben nach unten mit folgenden Buchstaben versehen: V I
Die falschen Aussagen sind von oben nach unten mit folgenden Buchstaben versehen: R G I N A L
Die Frau, die Dietrich heiratete und mit der er sehr glücklich war, hieß: **VIRGINAL**

Lösung zu: Siegfried, der Drachentöter
Bringt man den Text in die richtige Reihenfolge, dann ergeben die darüber gedruckten Buchstaben von oben nach unten das Lösungswort: **VERWUNDBAR**
In der griechischen Sagenwelt war es Achill, der eine verwundbare Stelle an der Ferse hatte.

Lösung zu: Siegfried und der Nibelungenschatz
Folgende Wörter sind durch den Zauber untereinander vertauscht:
Hals – Wald; Kostbarkeiten – Zwergenkönige; Zwerg – Nibelungenschatz; Leben – Schwert; Tarnkappe – Teilung; Riesen – Kieselsteinen; Kohlen – Edelsteine; Gnade – Luft

Lösungen zu: Nibelungen-Rätsel
Die Teilung des Nibelungenschatzes – Alternativen
Auf jede Seite der Waage legst du drei Goldklumpen. Die Waage steht im Gleichgewicht. Du wiegst die beiden letzten Stücke im zweiten Durchgang und weißt Bescheid.
Die Waage steht nicht im Gleichgewicht. Du nimmst die drei Stücke der schwereren Seite. Zwei davon wiegst du in einem zweiten Durchgang noch einmal. Ist die Waage dann im Gleichgewicht, dann ist der Klumpen der schwerste, der nicht auf der Waage liegt. Ist die Waage nicht im Gleichgewicht, dann ist das Problem auch geklärt.

Der rechte Weg?
Siegfried tritt zu einem der Zwerge und fragt:
„Was hätte der andere Zwerg mir geantwortet, wenn ich ihn nach dem Weg zum Köhler gefragt hätte?"
Anschließend hätte jeder Zwerg ihm den Weg zum Drachen gewiesen und Siegfried hätte nur den anderen Weg einschlagen müssen. Alles klar?

a) Siegfried gerät an den Zwerg, der immer die Wahrheit sagt, und stellt seine Frage. Wahrheitsgemäß antwortet dieser, der andere hätte seine Frage nach dem Köhler so beantwortet, dass er ihn zum Drachen geschickt hätte (denn dieser lügt ja immer). Siegfried wählt den anderen Weg.
b) Siegfried gerät an den Zwerg, der immer lügt, und stellt seine Frage. Da dieser lügt, sagt er über den, der immer die Wahrheit sagt, das Falsche. Er weist Siegfried also auch den falschen Weg und dieser wählt den anderen.

Lösung zu: Kriemhild, Prinzessin am Königshof zu Worms
Folgende Wörter müssen in dieser Reihenfolge in den Text eingesetzt werden:
Königstochter – Reich – Gefolge – Helden – Auge – Traum – Falken – zutraulich – Gefieder streicheln – Adler – bedrohliche Schreie – stieß – Adler – zerriss – Falken – fürchterlichen – Adler – Falken – Glück – Gemahl – Unglück – schwor – Gemahl – Bewerber – in Worms – Blicke – Liebe – Leid

Lösung zu: Siegfried am Königshof zu Worms
Die Lösungsbuchstaben der richtigen Kästchen ergeben von oben nach unten gelesen folgende Lösung:
Siegfried besitzt durch die Tarnkappe „Die Kraft von zwölf Männern"

Lösung zu: Brunhilds Kampf gegen König Gunther
Natürlich bekam Gunther Hilfe. Nie hätte er allein gegen Brunhild bestanden. Siegfried war es, der ihm in allen drei Kämpfen beistand. Er hielt den Schild, um Gunthers Leben zu retten, er schleuderte den Speer, der Brunhild zu Fall brachte. Von dieser Hilfe bekam nur deshalb keiner etwas mit, weil Siegfried seine Tarnkappe trug, die ihn unsichtbar machte. Mit diesem Kampf bewies Siegfried einmal mehr seine Treue gegenüber dem Nibelungenkönig.

Lösung zu: Doppelhochzeit am Königshof zu Worms
Folgende Wörter sind untereinander zu tauschen:
Hochzeitsnacht – Doppelhochzeit
Kraft – Nacht
Erinnerungsstücke – Abenteuer
Rat – Kampf
Form – Haut
Gürtel – Messer
Niederlage – Wunde
Haken – Flecken
Hilfe – Blut
Ring – Rat
Morgen – Mann
Plan – Schwächling
Tarnkappe – Zimmerdecke
Armen – Problemen
Die Lösung lautet: **Der Streit der Frauen vor dem Dom**

Lösung zu: Der Verrat
Kriemhild weiß ja, dass es eine Stelle auf Siegfrieds Rücken gibt, an der er verwundbar ist. Als er im Drachenblut badete, fiel ein Lindenblatt auf diese Stelle. Davon berichtet sie Hagen.

Hagen rät Kriemhild, ein Kreuz auf Siegfrieds Gewand zu sticken, das die verwundbare Stelle markiert, um ihn besser schützen zu können.
In Wirklichkeit will er die verwundbare Stelle nur genau kennen, um Siegfried ermorden zu können.

Lösung zu: Ende mit Schrecken – Schrecken ohne Ende
Hast du die richtigen Aussagen herausgefunden, dann ergänzt sich der Satz am Ende der Nibelungensage so:
Das war der Nibelungen Not

Textquellenverzeichnis

Deutsche Götter- und Heldensagen. Hrsg. v. R. W. Pinson.
Gondrom Verlag, Bayreuth 1983

Günter Sachse, Deutsche Heldensagen. C. Bertelsmann Verlag, München 1994

Gretel und Wolfgang Hecht, Deutsche Heldensagen.
Insel Verlag, Frankfurt/Main (auch: dtv junior, Frankfurt/Main[15]1999)